Computer Bild

Prinz & Fickler

Firefox 3 ganz einfach

ullstein

Zu diesem Buch

Längst hat sich das Internet zu einer Multimediawelt entwickelt, deren Inhalte beinahe alles spiegeln, was es in der realen Welt gibt. Ganz gleich, ob Sie das World Wide Web als Kommunikationsmedium, Informationsquelle oder einfach zur Zerstreuung nutzen: Die Dynamik des Mediums ist immens. Einzige Voraussetzung, um daran teilzuhaben, ist ein Internet-Zugriffsprogramm, das die große Bandbreite des weltweiten Datennetzes auf unseren Computern zur Darstellung bringt. Solche Zugriffsprogramme fürs Internet werden Browser genannt, und der aktuellste und am weitesten entwickelte Browser ist zurzeit der neue Firefox 3.0.

Der Firefox 3.0 ist sozusagen das Fenster zur digitalen Welt, weit über den Datenbestand des eigenen PCs hinaus. Ohne sich um die technischen Hintergründe kümmern zu müssen, kommen Sie mithilfe dieses kostenlosen Browsers in den Genuss von Informationen und Bildern aus aller Welt. Dabei bietet der Firefox 3.0 exzellente Unterstützung bei der Recherche, merkt sich auf Wunsch, welche Ziele Sie bereits angesteuert haben, zeigt verschiedene Seiten gleichzeitig an, setzt Lesezeichen, bietet Suchhilfen und setzt beim Neustart die Reise durchs Internet genau da fort, wo Sie sie beim letzten Mal unterbrochen haben.

Doch bei aller Faszination der bewegten und bewegenden Inhalte des Internets wäre es blauäugig, nicht auf die Gefahren zu achten. Und auch hier spielt der Firefox seine Stärken aus: Er warnt vor gefährlichen Webseiten, verwaltet Passwörter und sorgt für das sichere Herunterladen von Dateien. Ungezählte Zusatzprogramme, die sich als sogenannte Add-ons in den Firefox 3.0 integrieren, bieten die Chance, den Firefox noch sicherer, universeller und persönlicher zu gestalten.

Dieses Buch zeigt Ihnen in den bewährten Schritt-für-Schritt-Anleitungen von COMPUTER BILD, wie Sie die brillanten Möglichkeiten des Firefox 3.0 nutzen und mit Bravour Ihre eigenen Fährten im Internet finden. Entdecken Sie die virtuelle Welt des Internets mit dem Firefox 3.0, und wandeln Sie mit Komfort auf den universellen Pfaden, auf denen sich von Nachrichten bis Unterhaltung alles finden lässt. Mit dem Firefox und diesem Buch fällt Ihnen die sichere Orientierung leicht.

1 Den Firefox überspielen und einrichten

Wenn Sie ein Windows-Betriebsprogramm verwenden, ist ein **Internet-Anzeigeprogramm**, auch Browser genannt, automatisch auf Ihrem Rechner installiert. Es handelt sich um den **Internet Explorer**. Kein Wunder also, dass der Internet Explorer Marktführer unter den Browser-Programmen ist. Am stärksten bedrängt wird diese Vormachtstellung durch den „Firefox", der mittlerweile in der dritten Version vorliegt. Dabei handelt es sich um einen kostenlos erhältlichen Browser, der im Gegensatz zum Internet Explorer von keiner Firma, sondern als **Open-Source**-Projekt programmiert wird. Vereinfacht gesagt bedeutet das, dass die Programmierer ehrenamtlich arbeiten, also nicht getrieben sind von kommerziellem Interesse, sondern vom Wunsch, den schnellsten, sichersten und komfortabelsten Browser herzustellen.

Sie können sich den Firefox binnen wenigen Minuten aus dem Internet auf Ihren Rechner überspielen. Auch die **Installation** ist ruck, zuck erledigt. Den Firefox gibt es für verschiedene Betriebsprogramme. Die Abbildungen in diesem Buch basieren auf **Windows Vista**, dem neuesten Betriebsprogramm von Microsoft. Sollten Sie ein anderes Programm, etwa Windows XP, verwenden, kann sich die Darstellung geringfügig unterscheiden.

Im ersten Kapitel dieses Buches erfahren Sie,
- wo Sie den Firefox im Internet bekommen,
- wie Sie ihn mithilfe des Internet Explorer auf Ihren Rechner überspielen,
- was Sie tun müssen, um Einstellungen des Internet Explorer zu übernehmen,
- und wie die einzelnen Elemente des Programmfensters bezeichnet werden.

Kapitel-Wegweiser

Die Installationsdatei herunterladen

Den Firefox können Sie an vielen Plätzen im Internet herunterladen, so auch von den Seiten der COMPUTER BILD, wie Sie im Folgenden sehen werden. Die Anleitung geht davon aus, dass Sie dazu als Browser den Internet Explorer verwenden.

1 Rufen Sie zunächst die Internetadresse **www.computerbild.de** auf. Klicken Sie dann rechts oben auf den Registerreiter ●.

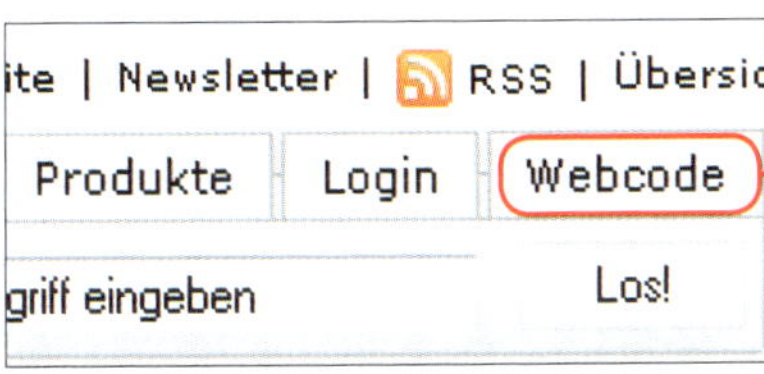

2 Danach tippen Sie den Webcode 10270 (siehe nebenstehenden Kasten) in das Eingabefeld ●

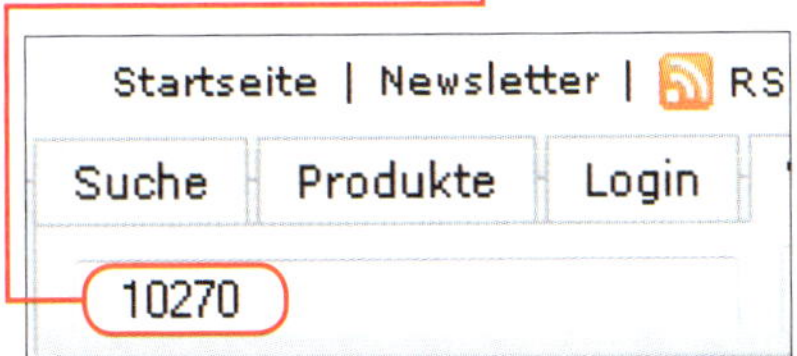

ein und klicken auf

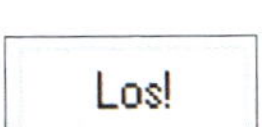

.

Auf der Seite, mit der Sie nun verbunden werden, klicken Sie unterhalb des Artikels auf den **Link**

.

3 Auf der Beschreibungsseite, die anschließend erscheint, folgt ein Mausklick auf die Schaltfläche ●.

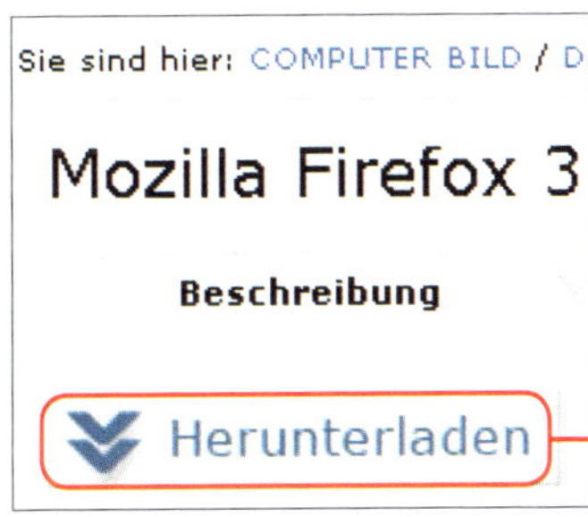

Mit Webcodes gezielt Artikel aufrufen

In der Zeitschrift COMPUTER BILD finden Sie in vielen Artikeln sogenannte Webcodes. Dabei handelt es sich um eine mehrstellige Zahl. Mithilfe dieses Webcodes können Sie, wie in den Schritten 1 und 2 beschrieben, ganz gezielt Artikel auf den Internetseiten der COMPUTER BILD aufrufen. Beispielsweise finden Sie dort weiterführende Informationen, oder Sie gelangen wie im Fall des Firefox ohne langes Suchen zur Download-Seite.

4 Im Dialogfenster, das daraufhin angezeigt wird, klicken Sie auf die Schaltfläche ●,

wählen dann im nachfolgenden **Explorer**-Fenster den Speicherort aus, beispielsweise den Ordner ●,

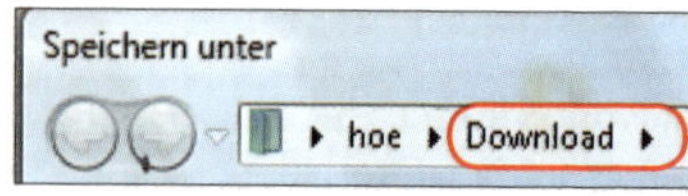

und klicken schließlich auf

.

Die Setup-Datei (Setup ist ein anderes Wort für Installation) wird daraufhin auf Ihren Rechner überspielt, und Sie können gleich mit der Installation beginnen, wie es im folgenden Abschnitt beschrieben wird.

Den Firefox installieren

Die Installation können Sie direkt nach dem Überspielen der Setup-Datei vornehmen.

1 Klicken Sie dazu im Fenster mit der Erfolgsmeldung einfach auf ●.

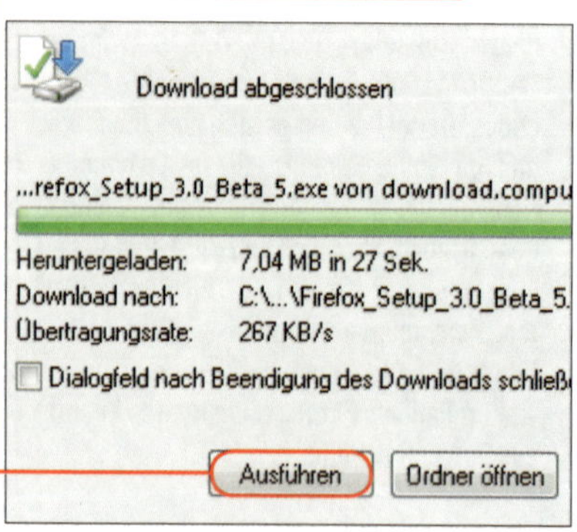

Natürlich können Sie die Installation auch zu einem späteren Zeitpunkt erledigen. Begeben Sie sich in dem Fall einfach zum Speicherort der Setup-Datei, und klicken Sie den Eintrag doppelt an.

2 Wenn Sie die Installation direkt nach dem **Download** starten, wird ein Warnhinweis des Internet Explorer eingeblendet. Diesen nehmen Sie mit einem Klick auf ●

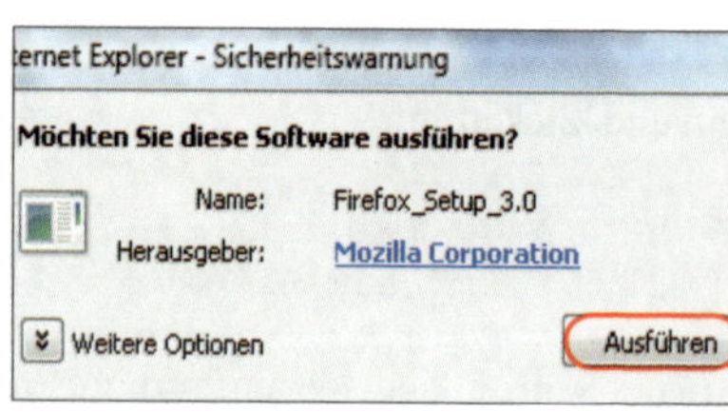

zur Kenntnis. Zur Bestätigung klicken Sie dann auf

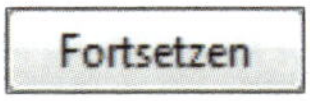

.

Von nun an leitet Sie ein **Assistent** durch die Installation. Im Begrüßungsbildschirm

genügt ein Mausklick auf

.

3 Obwohl Sie den Firefox kostenlos erhalten, unterliegt die Nutzung dennoch juristischen Bedingungen. Nachdem Sie die Lizenzvereinbarung gelesen haben,

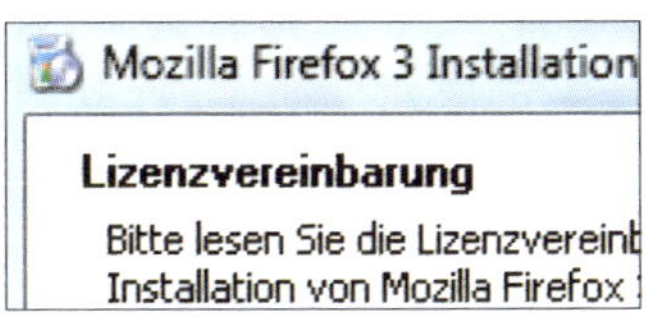

klicken Sie zum Zeichen Ihres Einverständnisses in das Kästchen,

um einen Haken hineinzusetzen: .

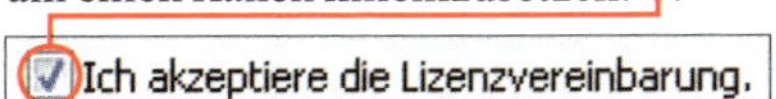

Dann fahren Sie fort mit einem Klick auf

.

4 Normalerweise spricht nichts dagegen, die vorgeschlagene Standard-Installation durchzuführen. Behalten Sie daher den Punkt im Kreis

bei, und klicken Sie gleich auf

.

Dasselbe gilt für das nachfolgende Fenster. Auch hier können Sie die Voreinstellung

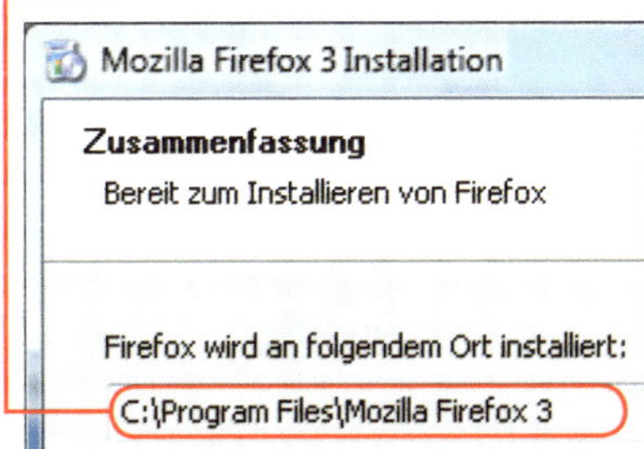

belassen und gleich auf die Schaltfläche

klicken.

5 Im nun erscheinenden Schlussbildschirm lassen Sie auch den Haken im Kästchen

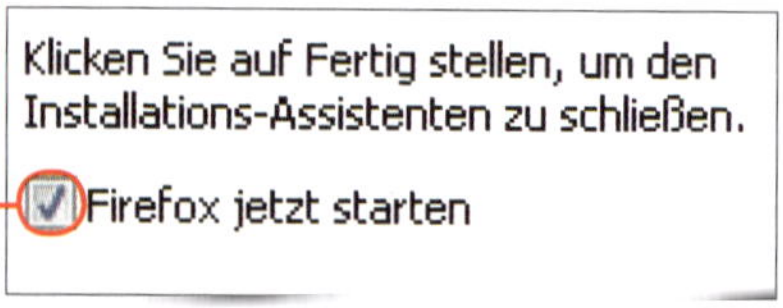

stehen und klicken dann direkt auf die Schaltfläche

.

Daraufhin beginnt die Installation, die nur wenige Augenblicke dauert. Anschließend wird der Firefox sofort gestartet.

Den Firefox starten

Wenn Sie der Anleitung exakt gefolgt sind, wird der Firefox nach der Installation automatisch gestartet. Künftig können Sie zwischen mehreren Varianten wählen:

- Entweder Sie klicken auf dem **Desktop**, also Ihrer Arbeitsoberfläche, doppelt auf das Symbol

.

- Oder Sie klicken als Erstes auf das Startsymbol links unten auf Ihrem Bildschirm

,

danach auf

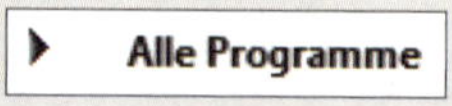

sowie den Eintrag

und schließlich auf

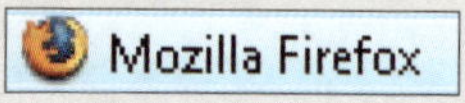

.

- Oder Sie verwenden die Schnellstartleiste. Diese befindet sich rechts neben dem Startsymbol. Klicken Sie auf

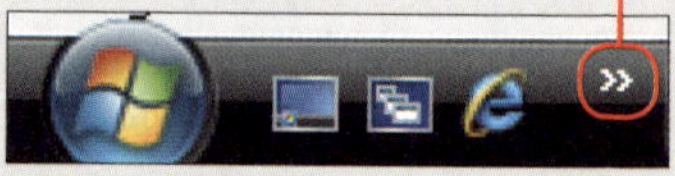

und dann auf .

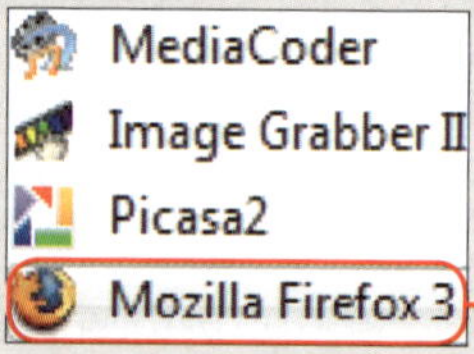

Die Programmoberfläche kennenlernen

Die Programmoberfläche des Firefox ist übersichtlich und klar aufgebaut. Die Orientierung wird Ihnen daher nicht schwerfallen. Sie sollten sich aber die Bezeichnungen der Programmelemente gut einprägen, da Sie im weiteren Verlauf des Buches vorausgesetzt werden.

1 Beim ersten Start des Firefox haben Sie die Möglichkeit, die wichtigsten Einstellungen - zum Beispiel Ihre gesammelten Lesezeichen und sogar die **Verlauf**seinträge vom bisher verwendeten Internet Explorer - zu übernehmen. Sie können also nahtlos weiterarbeiten. Falls Sie das möchten, lassen Sie den Punkt im Kreis stehen. Ansonsten setzen Sie mit einem Mausklick in den unteren Kreis

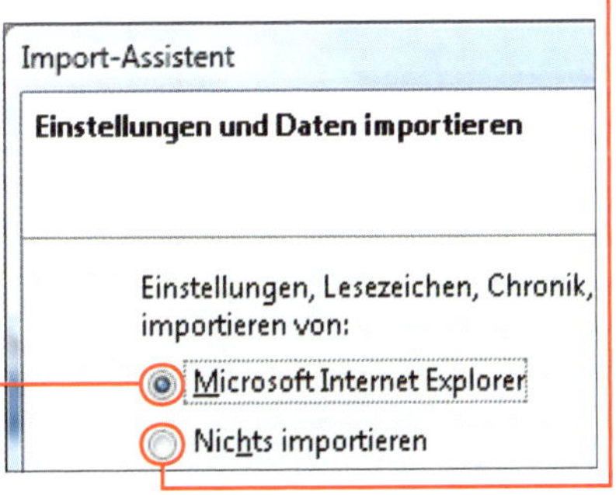

einen Punkt. Haben Sie Ihre Entscheidung getroffen, klicken Sie auf

.

Wie Sie Ihre Lesezeichen gegebenenfalls auch später noch vom Internet Explorer übernehmen können, erfahren Sie im Kapitel 5.

2 Neben dem Firefox werden Sie auch künftig den Internet Explorer auf Ihrem Rechner vorfinden, vielleicht sogar noch weitere Anzeigeprogramme. Eines davon ist der sogenannte Standard-Browser. Das bedeutet beispielsweise, dass dieses Programm automatisch gestartet wird, sobald Sie in einer E-Mail einen **Link** anklicken. Wenn Sie möchten, dass das von nun an immer der Firefox ist, klicken Sie auf . Sollten Sie sich noch nicht sicher sein, können Sie auch den Haken

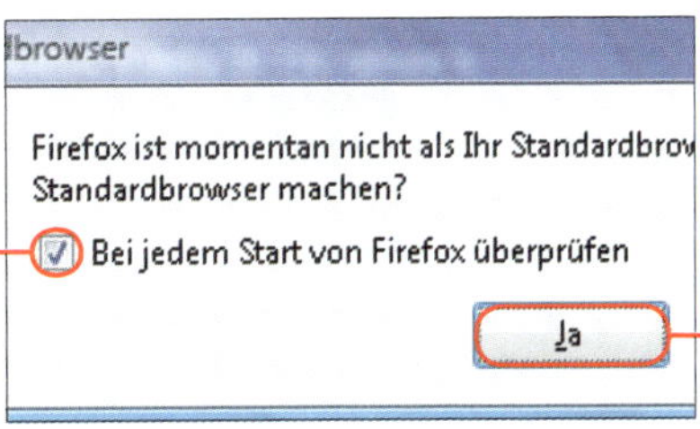

beibehalten und auf klicken.

Dann vertagen Sie die Entscheidung auf den nächsten Start des Firefox. Wie Sie den Firefox jederzeit zum Standard-Browser erklären können, erfahren Sie im Kapitel 7.

3 Beim ersten Start des Firefox sehen Sie neben der eigentlichen Startseite auch noch eine spezielle Begrüßungsseite. Wenn Sie sie gelesen haben, klicken Sie einfach auf ●,

um sie zu schließen.

4 Jetzt sehen Sie das Firefox-Programmfenster. Unterhalb der Titelleiste ❶ finden Sie die Menüleiste ❷ sowie die Navigationssymbolleiste ❸. Rechts neben den Symbolen sind die Adresszeile ❹ sowie ein Suchfeld ❺ angeordnet. Oberhalb des Seitenanzeigebereichs ❻ befindet sich die Lesezeichensymbolleiste ❼. Den Abschluss des Programmfensters bildet die Statusleiste ❽.

5 Wie bei Windows-Programmen üblich können Sie das Firefox-Programmfenster mithilfe der Symbole am rechten oberen Rand minimieren ●, also in die **Taskleiste** verbannen, in der Größe verändern ● oder komplett schließen ●.

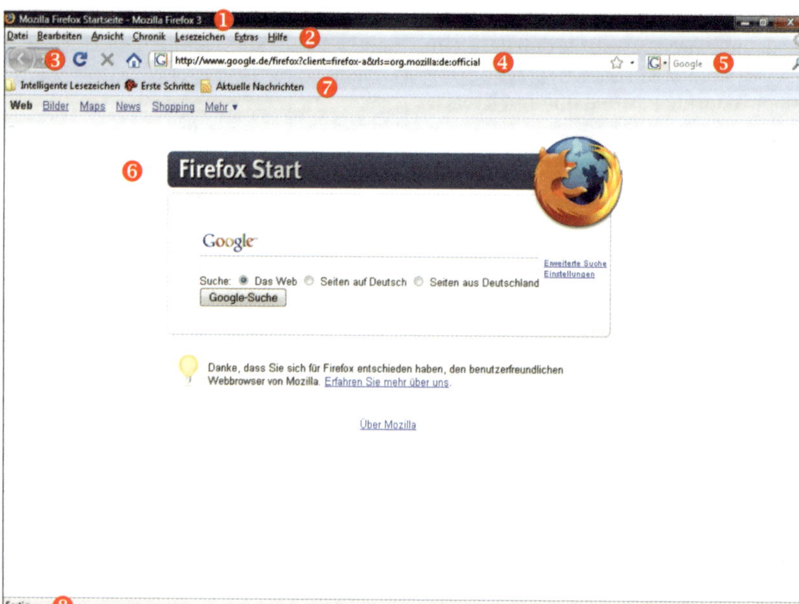

2 Internetseiten anzeigen mit dem Firefox

Zwei Kapitel in diesem Buch beschäftigen sich mit den Navigationstechniken, die der Firefox Ihnen bietet. Während es im dritten Kapitel um fortgeschrittene Methoden wie „Tabbed Browsing“ geht, werden in diesem Kapitel Basiskenntnisse vermittelt. Im Zentrum steht dabei natürlich die Frage, wie Sie mit Maus oder Tastatur Steuerungsbefehle erteilen. Zudem wird Ihnen gezeigt, wie Sie Ihre Internetausflüge mit einfachen Mitteln angenehmer und sicherer machen können.

Im zweiten Kapitel dieses Buches erfahren Sie,

- wie Sie Internetseiten anzeigen lassen,
- wie das Gedächtnis des Firefox Sie beim **Surfen** unterstützt,
- wie Sie die Fähigkeiten des Firefox mit sogenannten Plug-ins erweitern,
- wie Sie PDF-Dokumente **online** lesen,
- wie Sie das Verhalten des Pop-up-Blockers steuern
- und wie Sie sich beim Ausfüllen von Eingabefeldern helfen lassen können.

Kapitel-Wegweiser

Internetseiten aufrufen

Die grundlegenden Navigationstechniken entsprechen denen anderer **Browser** oder auch früherer Firefox-Versionen. Sie werden sich daher sofort zurechtfinden.

1 Nach dem Programmstart zeigt Firefox normalerweise eine Internetseite an. Diese Seite wird als Startseite bezeichnet. Um jetzt beispielsweise den Internetauftritt von COMPUTER BILD aufzurufen, klicken Sie in die Adresszeile ●.

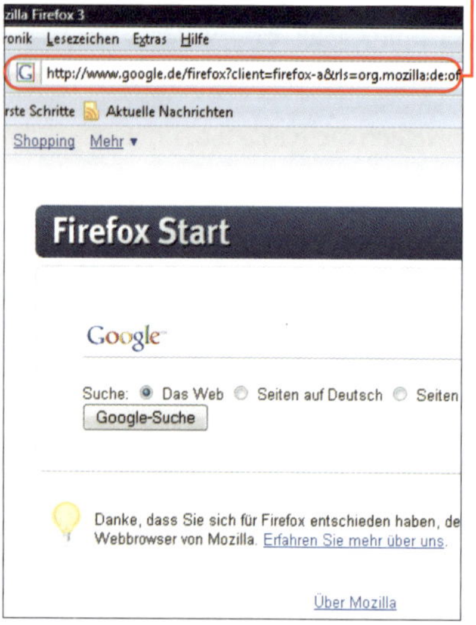

Die Adresse der aktuell angezeigten Seite wird daraufhin blau hervorgehoben.

2 Tippen Sie jetzt einfach die Internetadresse von COMPUTER BILD ●

ein, und drücken Sie zur Bestätigung die ↵-Taste. Statt auf die Eingabetaste zu drücken, können Sie auch rechts in der Adresszeile auf das Symbol ●

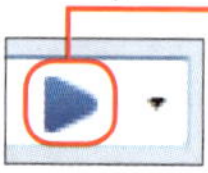

klicken, um die Adresseingabe zu bestätigen. Schon wird die COMPUTER BILD-Seite geladen und präsentiert.

3 Der Firefox merkt sich, welche Seiten Sie sich angesehen haben. Das ist recht angenehm: Wenn Sie zur zuletzt besuchten Seite zurückkehren möchten, brauchen Sie keine Adresse einzutippen. Stattdessen klicken Sie in der Navigationssymbolleiste auf ●.

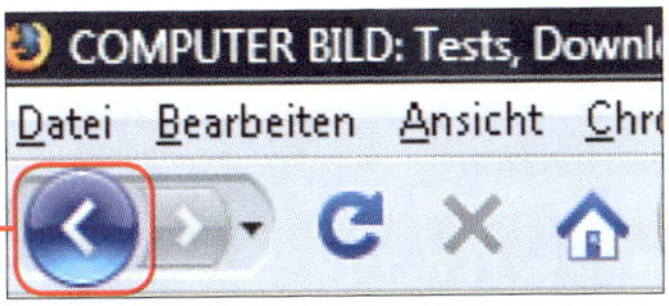

Im Beispielfall landen Sie nun wieder auf der Startseite.

Alternativ zum Mausklick auf das Zurück-Symbol führt Sie die Tastenkombination Alt und ← zur jeweils letzten Seite zurück.

4 Diese praktische Navigationshilfe funktioniert selbstverständlich ebenso in die andere Richtung. Wollen Sie im Beispielfall wieder zur COMPUTER BILD-Seite wechseln, brauchen Sie also nur auf ●

zu klicken oder die Tastenkombination Alt und → zu drücken. Dieses Hin- und Herblättern funktioniert auch, wenn Sie mehr als zwei Seiten besucht haben. Klicken Sie einfach mehrmals hintereinander auf das Zurück- oder Vor-Symbol.

Bei der Adressierung die Finger auf der Tastatur lassen

Mithilfe von Tastenkombinationen können Sie viele Firefox-Funktionen aufrufen, ohne zur Maus greifen zu müssen. Gerade bei der Eingabe einer Internetadresse lässt sich damit viel Zeit sparen. Statt, wie in Schritt 1 gezeigt, in die Adresszeile zu klicken, können Sie nämlich auch gleichzeitig die Tasten Strg und L drücken. Auch dadurch wird die aktuelle Adresse markiert und kann direkt überschrieben werden.

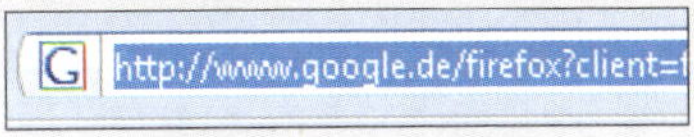

Eine Tabelle mit weiteren nützlichen Tastenkombinationen finden Sie am Ende dieses Buches auf Seite 127.

Bereits besuchte Seiten direkt ansteuern

Wenn Sie nacheinander viele Seiten besucht haben, kann es etwas lästig sein, mehrmals das Zurück- oder Vor-Symbol anzuklicken, um eine bestimmte Seite wieder zu erreichen. In dem Fall gehen Sie besser folgendermaßen vor: Klicken Sie auf den Pfeil neben den Navigationssymbolen: ●.

Dann werden alle Seiten aufgelistet, die Sie besucht haben. Per Mausklick können Sie die gesuchte Seite aufrufen.

Aber Achtung: Sowohl das Zurück- und Vorblättern als auch die Auswahl einer bestimmten Seite funktionieren nur während einer **Arbeitssitzung**. Das bedeutet, wenn Sie den Firefox schließen und danach wieder starten, fangen Sie praktisch wieder bei Null an. Sie haben allerdings die Möglichkeit, das Langzeitgedächtnis des Firefox zu nutzen (siehe nächsten Abschnitt), das nicht dieser Beschränkung unterliegt.

5 Führen Sie den Mauszeiger über einen **Link**, verändert er seine Form: ●.

Mit einem Mausklick können Sie die dazugehörige Seite dann aufrufen. Nicht nur Textstücke, sondern auch Bilder oder andere grafische Elemente wie Schaltflächen

können verlinkt beziehungsweise miteinander verknüpft sein.

6 Damit eine aktuell angezeigte Seite erneut geladen wird, klicken Sie in der Navigationssymbolleiste auf

.

Wichtig ist diese Aktualisierungsfunktion beispielsweise bei Internetauktionen. Verfolgen Sie etwa eine Versteigerung bei Ebay, wird Ihnen dann angezeigt, wie lange es noch bis zum Auktionsende dauert, hier ●.

Diese Zeitangabe ändert sich allerdings nicht ohne Ihr Zutun. Wenn Sie das Auktionsende nicht verpassen möchten, sollten Sie daher hin und wieder auf

klicken. In dem Fall wird die Seite regelmäßig neu geladen und die jeweils verbleibende Restzeit aktualisiert, hier ●.

Alternativ können Sie auch die Tastenkombination [Alt] und [R] verwenden, um eine Seite neu zu laden.

7 Falls Ihnen das Laden einer Seite einmal zu lange dauern sollte, was bei den heute üblichen schnellen **DSL**-Verbindungen jedoch eher selten vorkommt, können Sie auf das Symbol

klicken. Der Ladevorgang wird dann abgebrochen.

8 In der Praxis wichtiger ist das letzte verbleibende Symbol in der Navigationssymbolleiste:

Nach einem Klick darauf bekommen Sie ohne Umweg Ihre Startseite angezeigt. Auch zu diesem Mausklick gibt es eine Alternative: Drücken Sie gleichzeitig die Tasten [Alt] und [Pos1].

Das Langzeitgedächtnis des Firefox nutzen

Wie Sie bereits im vorigen Abschnitt gesehen haben, merkt sich der Firefox, welche Internetseiten Sie besucht haben. Im Laufe einer Arbeitssitzung können Sie daher zu bereits besuchten Seiten zurückblättern. Darüber hinaus verfügt der Firefox aber auch über ein Langzeitgedächtnis. Diese Merkfunktion heißt beim Firefox „Chronik". (Beim **Internet Explorer** spricht man vom Verlauf.)

1 Wenn Sie die Tastenkombination [Strg] und [H] drücken, wird am linken Rand des Programmfensters eine Spalte eingeblendet, eben die erwähnte **Chronik**: ●.

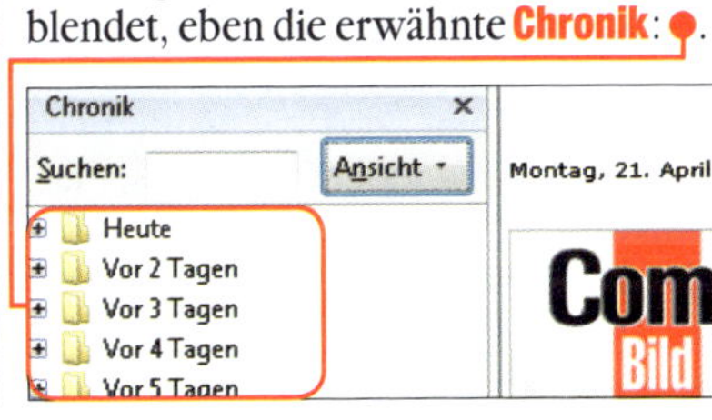

Dort finden Sie in verschiedenen **Ordnern** die Seiten, die Sie in der letzten Zeit besucht haben.

Chronik-Spalte verändern und schließen

Die Breite der Chronik-Spalte (wie auch der Lesezeichen-Spalte, siehe Seite 91) können Sie selbst festlegen. Führen Sie den Mauszeiger über die Begrenzungslinie zwischen Chronik und Anzeigebereich, verändert er sein Aussehen: ●.

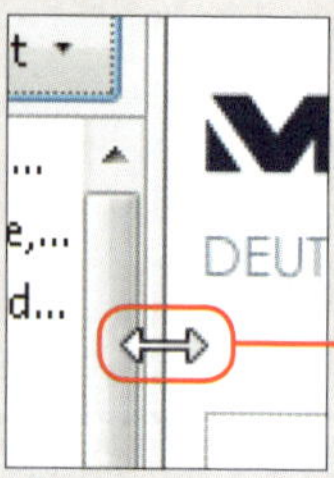

Mit gedrückt gehaltener Taste können Sie die Spaltenbegrenzung jetzt wie gewünscht nach links oder rechts **ziehen**. Benötigen Sie die Chronik-Spalte gar nicht mehr, genügt ein Klick auf

,

um sie zu schließen.

2 Aus Gründen der Übersichtlichkeit sind die Ordner zunächst geschlossen. Klicken Sie aber auf das Pluszeichen vor einem Eintrag, beispielsweise ●,

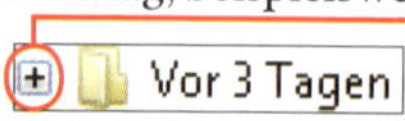

sehen Sie die darin zusammengefassten Seiten. Im Beispiel sind das also diejenigen, die Sie vor drei Tagen aufgesucht haben. Aus dieser Auflistung heraus können Sie Seiten ganz einfach anzeigen lassen. So öffnen Sie beispielsweise per Klick auf ●

den Internetauftritt von SPORT BILD.

Einen Ordner schließen Sie wieder, indem Sie auf das Minuszeichen ●

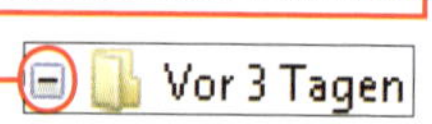

klicken, das bei einem geöffneten Ordner statt des Pluszeichens zu sehen ist.

3 Die Chronik reicht über mehrere Wochen zurück. Mitunter können Sie sich daher nicht mehr daran erinnern, wann Sie eine bestimmte Seite aufgerufen hatten. In dem Fall kann die Suchfunktion hilfreich sein. Noch während Sie einen Begriff eintippen, etwa ●, bekommen Sie die Trefferliste angezeigt, im Beispiel ●.

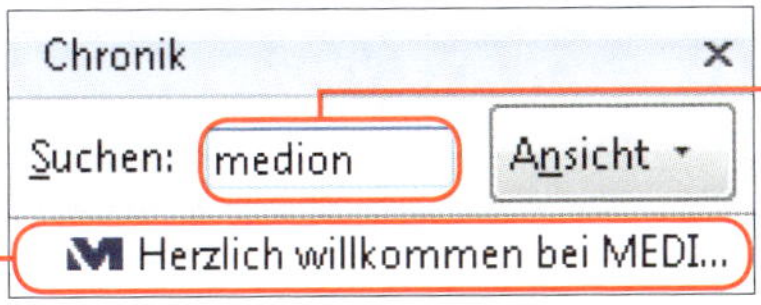

Spuren beseitigen

Wenn niemand anders auf Ihren Rechner zugreifen kann, ist die Chronik eine feine Sache. Immerhin können Sie damit häufig interessante Seiten wiederfinden, deren Adressen Sie vergessen haben. Allerdings kann natürlich jeder, der Zugriff auf Ihren Rechner und Ihr Benutzerkonto hat, nachvollziehen, welche Seiten Sie sich angesehen haben. Falls Sie das nicht möchten, können Sie die Spuren Ihrer Internetausflüge beseitigen. Wie das geht, erfahren Sie im Kapitel 6.

4 Hilfreich kann es auch sein, die Einträge in der Chronik in einer anderen als der chronologischen Abfolge anzeigen zu lassen. Nach einem Mausklick auf die Schaltfläche

werden die möglichen Sortierkriterien eingeblendet. Klicken Sie in dieser Liste etwa auf ●,

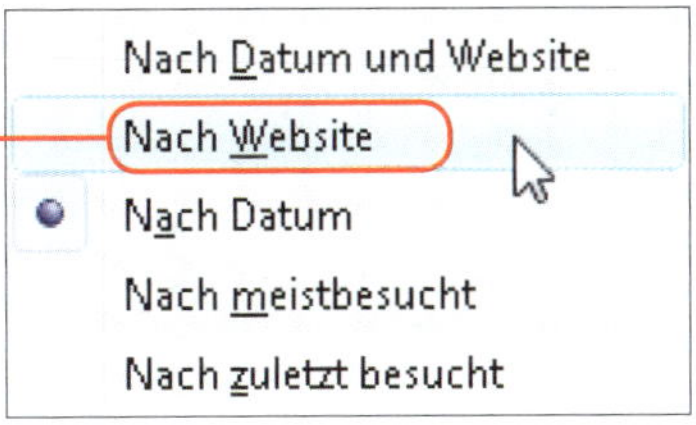

erscheinen einzelne Ordner für jeden Internetauftritt. Die Ordner enthalten dann die jeweiligen Seiten dieses Auftritts, die Sie sich angesehen haben.

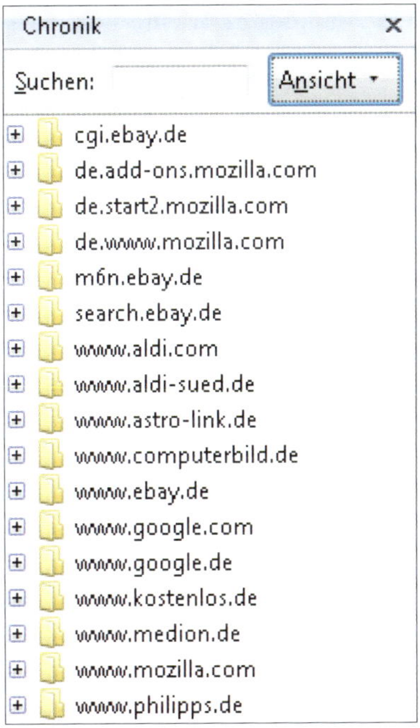

Schnell auf Lieblingsseiten zugreifen

Die Seiten, die Sie am häufigsten besucht haben, können Sie auch einblenden, ohne dass die Chronik in einer separaten Spalte auftaucht. Klicken Sie nämlich in der Lesezeichen-Symbolleiste auf

und führen dann den Mauszeiger über ,

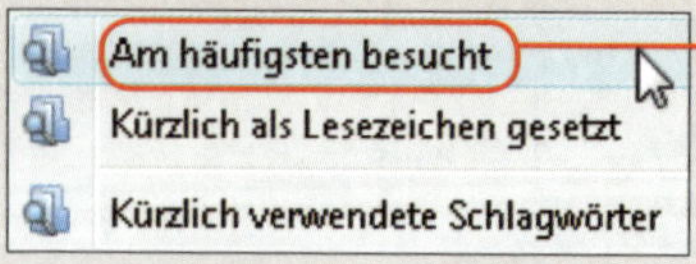

klappt seitlich eine Liste mit den meistbesuchten Seiten auf. Per Klick auf

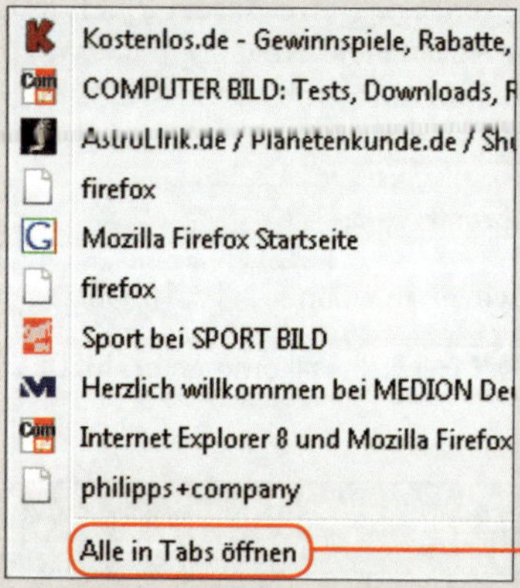

können Sie diese übrigens alle auf einen Schlag in Registern öffnen. Was es damit auf sich hat, erfahren Sie im nächsten Kapitel.

5 Ihre Lieblingsseiten finden Sie meist recht schnell, wenn Sie im Ansichtsmenü auf

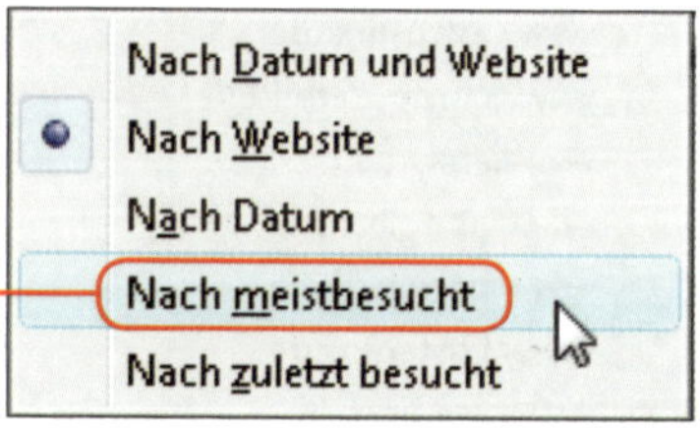

klicken. Daraufhin werden die Seiten nach der Besuchshäufigkeit präsentiert.

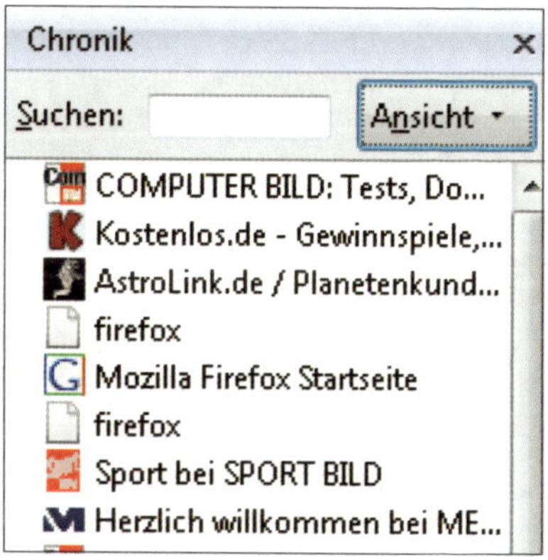

6 Es gibt noch eine zweite Möglichkeit, auf die Chronik zuzugreifen. Wenn Sie in der Menüleiste des Programmfensters auf

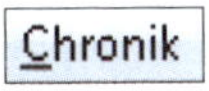

und anschließend auf

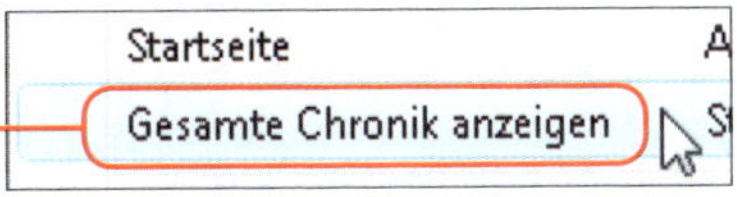

klicken, öffnet sich die sogenannte Bibliothek. Stattdessen können Sie auch die Tastenkombination Strg, ⇧ und H drücken. In der Bibliothek sind Ihre Lesezeichen und Ihre Chronik-Einträge erfasst.

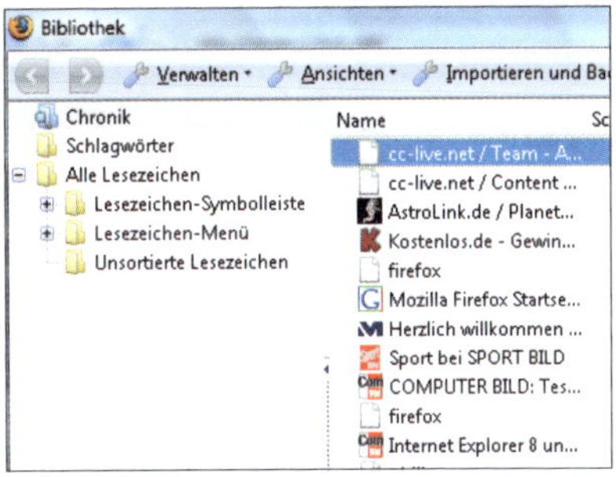

Alles Wissenswerte über die Bibliothek finden Sie im Kapitel 5.

Adressierungshilfen nutzen

Eine komplette Internetadresse sieht im Prinzip so aus:

http://www.computerbild.de

Wie Sie sicher wissen, können Sie bei der Adresseingabe in allen gängigen **Internet-Anzeigeprogramm**en die sogenannte Protokollangabe „**http://**“ weglassen. Beim Firefox benötigen Sie noch nicht einmal den Ausdruck „**www.**“. Sie tippen also einfach „**computerbild.de**“ ein. Das ist natürlich schon eine erhebliche Erleichterung. Der Firefox bietet aber noch weit mehr Adressierungshilfen.

1 Der Firefox versucht zu erraten, welche Seite Sie aufsuchen möchten. So ist es natürlich gut möglich, dass Sie die fragliche Seite bereits einmal angesehen haben. Schon während des Eintippens einer Adresse durchsucht der Firefox daher die Chronik und zeigt Ihnen mögliche Übereinstimmungen an. Bereits nach dem ersten Buchstaben, hier, werden Treffer angezeigt:.

2 Je mehr Buchstaben Sie eintippen, desto stärker wird die Trefferliste eingeschränkt. Im Beispiel soll die Seite

angezeigt werden. Sie müssen dazu nur die ⬇-Taste drücken. Dann wird der Eintrag markiert und gleichzeitig die dazugehörige Adresse im Adressfeld eingetragen: .

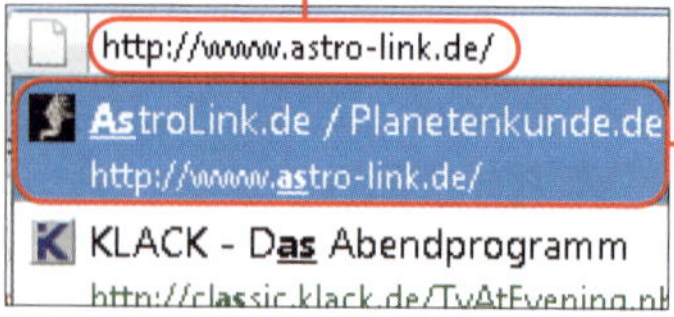

Um die Seite aufzurufen, brauchen Sie zur Bestätigung dann nur noch auf die ↵-Taste zu drücken.

Übrigens: Falls Sie bereits Lesezeichen angelegt haben (siehe Seite 80), wird nicht nur die Chronik, sondern auch die Lesezeichensammlung durchsucht.

3 Und die Hilfestellung, die der Firefox bietet, geht noch weiter. Sie können sich nämlich in vielen Fällen das Aufrufen einer **Suchmaschine** ersparen. Wenn Sie sich beispielsweise den Internetauftritt des 1. FC Köln ansehen möchten, tippen Sie diesen Ausdruck

einfach in die Adresszeile ein. Sobald Sie zur Bestätigung auf die ↵-Taste drücken, wird die Startseite des Kölner Traditionsvereins geladen.

Denn das Adressfeld ist mit einer speziellen Google-Suchtechnik verknüpft, der Suche „Auf gut Glück" (siehe dazu den nebenstehenden Kasten). Allerdings führt diese Technik nicht immer zum gewünschten Erfolg.

Den wahrscheinlichsten Treffer ohne Umweg anzeigen

Wenn Sie bei der Suchmaschine Google (**www.google.de**) einen Suchbegriff eintippen, hier ●, und dann auf ●

klicken, bekommen Sie eine Trefferliste angezeigt. Diese Suchergebnisse sind so angeordnet, dass die populärste und damit am wahrscheinlichsten gesuchte Seite möglichst ganz oben steht, im Beispiel also ●.

Klicken Sie im Suchfeld statt auf ● hingegen auf die Schaltfläche ●,

wird dieser oberste Treffer ohne Umweg angezeigt.

Kleine Zusatzprogramme einbinden

Mitunter müssen Sie in den Firefox kleine Zusatzprogramme, sogenannte Plug-ins (gesprochen: „plag ins“), einbinden, um Internetseiten komplett nutzen zu können. Vor allem auf Seiten, die multimediale Dienste anbieten, ist das öfter der Fall. So können Sie sich zum Beispiel bei YouTube online Videos ansehen, die von anderen Nutzern überspielt werden. Solche Videos liegen als sogenannte Flash-**Datei**en vor. Damit Sie sie ansehen können, muss ein entsprechendes Zusatzprogramm in den Firefox eingebunden werden.

1 Wenn Sie die Adresse **www.youtube.de** aufrufen, werden Ihnen bereits auf der Startseite Vorschaubilder präsentiert. Klicken Sie eines der Bilder an, startet normalerweise die Wiedergabe.

2 Sollte das notwendige Plug-in aber noch nicht installiert sein, geschieht das nicht. Dafür erscheint zwischen Symbolleisten und Anzeigebereich eine Meldung, in der Sie über das fehlende Programm informiert werden: ●.

3 Um das Plug-in nun zu installieren, klicken Sie rechts in dieser Zeile auf die Schaltfläche ●.

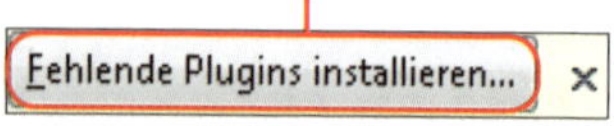

Daraufhin zeigt der Firefox in einem neuen Fenster, welches Plug-in auf dieser Seite benötigt wird. Lassen Sie den Auswahlhaken ●

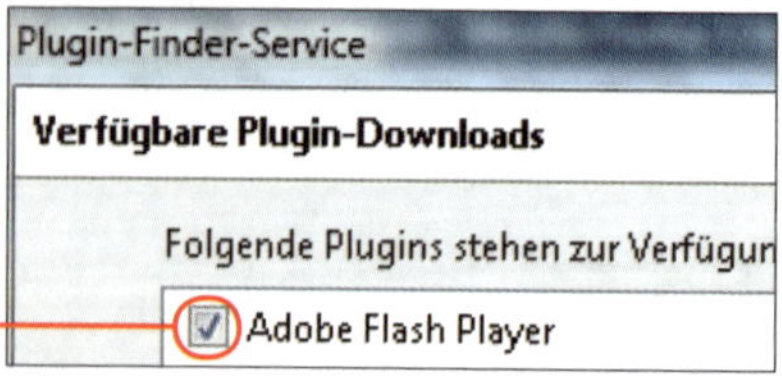

stehen, und klicken Sie rechts unten im Fenster auf

.

4 Anschließend werden Sie wie bei jeder normalen **Installation** von einem **Assistent**en begleitet. So wird Ihnen beispielsweise die Lizenzvereinbarung präsentiert.

Folgen Sie einfach den weiteren Anweisungen. Setzen also per Mausklick einen Punkt in den Kreis ●,

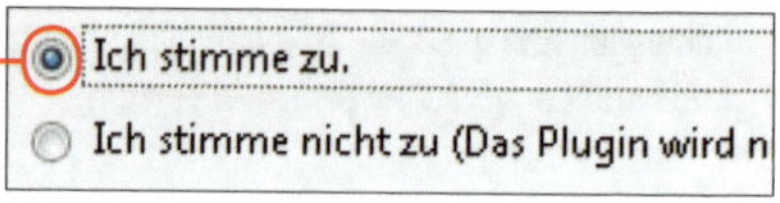

und klicken Sie dann auf

.

Wenn Sie auf diese Weise Schritt für Schritt die Installation abgeschlossen haben, nehmen Sie die entsprechende Meldung mit einem Klick auf

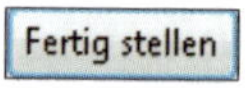

zur Kenntnis.

5 Danach ist das Plug-in in den Firefox eingebunden. Klicken Sie jetzt ein Vorschaubild auf der YouTube-Seite an, wird das dazugehörige Video umgehend abgespielt.

Sollte es auch nach der Installation eines Plug-in noch zu Darstellungsproblemen kommen, starten Sie den Firefox einfach neu. Das heißt, Sie schließen ihn und starten ihn dann gleich wieder.

Vorsicht walten lassen

Plug-ins sollten Sie nur dann auf Ihren Rechner übertragen, wenn Sie von der Seriosität des Anbieters überzeugt sind. Von dubiosen Internetseiten, auf die Sie beispielsweise durch eine **Spam**-Mail aufmerksam gemacht wurden, sollten Sie Plug-ins auf keinen Fall **herunterladen**!

PDF-Dateien anzeigen lassen

Neben Windows gibt es noch viele weitere Betriebsprogramme, etwa Linux oder Mac OS. Zudem sind jede Menge unterschiedlicher Textverarbeitungsprogramme in Gebrauch, deren Dokumente untereinander nicht ohne Weiteres lesbar sind. Für die Verbreitung von Texten übers Internet, etwa Betriebsanleitungen, hat sich daher das sogenannte PDF-Format durchgesetzt. Um PDF-Dokumente unabhängig von einer bestehenden Internetverbindung ansehen zu können, benötigen Sie nur ein Leseprogramm, den „Adobe Reader“. Wenn Sie einen eingerichteten Rechner kaufen, ist dieses Programm häufig schon installiert. Sollte dies nicht der Fall sein, können Sie es sich unter der Adresse **www.adobe.de** kostenlos herunterladen. Für den Firefox gibt es ein Plug-in, das normalerweise bereits installiert ist (Andernfalls verfahren Sie sinngemäß, wie im vorigen Abschnitt beschrieben). Diese Programmerweiterung ermöglicht es Ihnen, PDF-Dokumente online zu lesen, ohne dass sie vorher auf den Rechner überspielt werden müssen.

1 Angenommen, Sie wollen sich auf den Seiten des Fernsehgeräteherstellers Panasonic einen Ratgeber ansehen, der im PDF-Format vorliegt. Nach einem Klick auf den Verweis

tritt das PDF-Plug-in in Aktion, und die erste Seite des Dokuments wird angezeigt. Zudem erscheinen eine zusätzliche Symbolleiste ● sowie einige Befehlssymbole am linken Rand: ●.

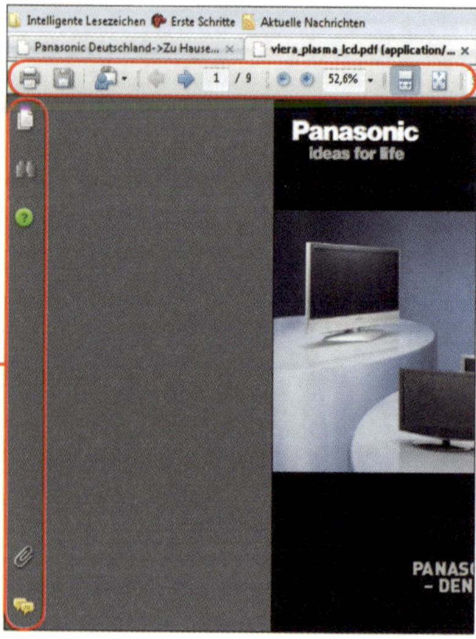

2 Darüber können Sie das PDF-Plug-in steuern. In der Symbolleiste finden Sie Befehle, mit deren Hilfe Sie die Größe der Seitenanzeige beeinflussen können.

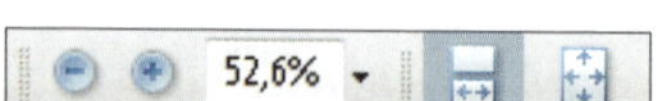

Links daneben sehen Sie, wie viele Seiten das Dokument umfasst und auf welcher davon Sie sich befinden, etwa ●. Über die Pfeilsymbole ●

können Sie durch das Dokument blättern. Und über das Feld am rechten Rand besteht die Möglichkeit, das Dokument zu durchsuchen.

3 Wenn Sie das Dokument ausdrucken möchten, klicken Sie auf ●. Demgegenüber können Sie es mit einem Mausklick auf ●

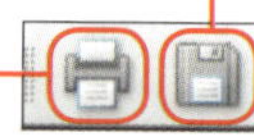

auf Ihren Rechner überspielen und so auch verfügbar machen, wenn Sie nicht online sind.

4 Damit Vorschaubilder der einzelnen Seiten eingeblendet werden, klicken Sie im Navigationsbereich am linken Rand auf das Symbol

.

Per Mausklick auf das jeweilige Bild können Sie die betreffenden Seiten dann gezielt ansteuern.

5 Klicken Sie auf das Fernglassymbol, das sich direkt darunter befindet,

,

bekommen Sie Zugriff auf erweiterte Suchfunktionen.

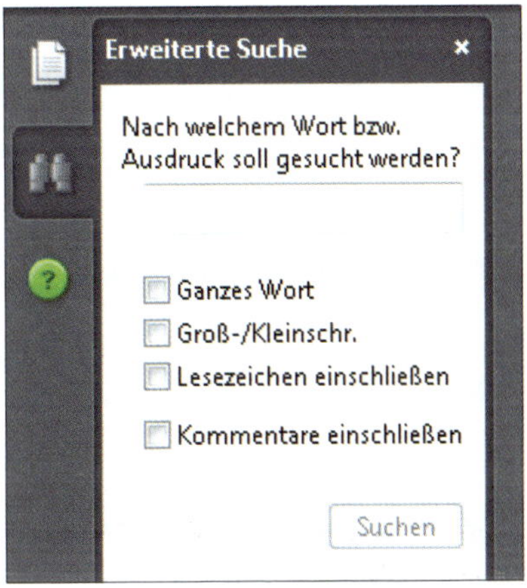

6 Falls Sie mit der Bedienung des PDF-Plug-ins nicht zurechtkommen oder sich intensiver damit befassen wollen, klicken Sie einfach auf

.

Daraufhin öffnet sich die Hilfsfunktion, die Ihnen auf Wunsch weitere Informationen liefert.

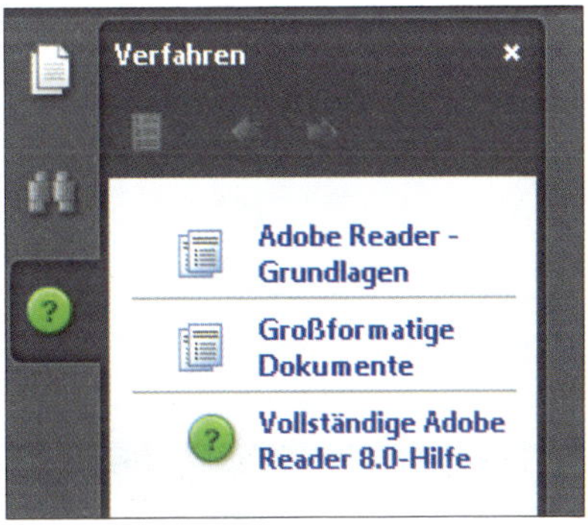

Pop-up-Fenster zulassen

Viele Internetauftritte finanzieren sich ganz oder zumindest zum Teil über Werbung, wogegen im Prinzip auch nichts einzuwenden ist. Eine spezielle Werbeform ist jedoch besonders nervtötend: Wenn Sie eine Seite besuchen, öffnet sich automatisch ein weiteres Fenster mit einer Werbebotschaft und verdeckt den eigentlichen Inhalt (im Schritt 2 der folgenden Anleitung sehen Sie ein solches Pop-up-Fenster). Erst wenn Sie das Werbefenster geschlossen haben, haben Sie wieder einen freien Blick. In den Firefox ist daher ein sogenannter Pop-up-Blocker integriert. Dieser verhindert das unerwünschte Öffnen von Fenstern.

1 Der Pop-up-Blocker ist standardmäßig aktiv. Damit Sie die Funktionsweise testen können, rufen Sie die Internetseite **www.popuptest.com** auf. Um Pop-up-Fenster einzusetzen, verwenden die Internetauftritte die unterschiedlichsten Technologien. Auf der Seite

„PopUpTest" können Sie Ihren Blocker mit allen diesen Varianten testen. Klicken Sie beispielsweise auf den Link ●.

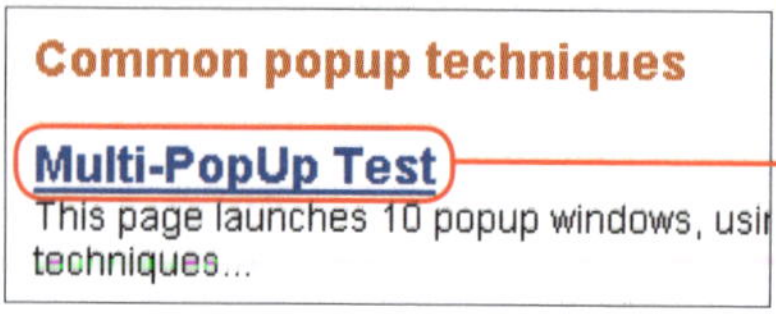

Wie gewünscht, verhindert der Firefox die Anzeige der Pop-ups. Lediglich eine Meldung erscheint, in der Sie über das erfolgreiche Blocken informiert werden: ●.

Auf einem normalen Surfausflug bräuchten Sie nun nichts weiter zu tun.

2 Jetzt sind aber Fälle denkbar, in denen Pop-up-Fenster keine Werbung enthalten, sondern wichtige Hinweise oder Ähnliches, die Sie sehr wohl sehen möchten. Klicken Sie in diesem Fall rechts in der Meldungszeile auf ●.

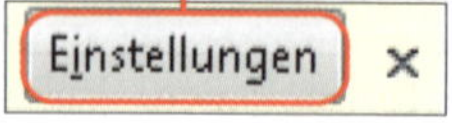

Daraufhin öffnet sich eine Liste der geblockten Pop-up-Fenster, im Beispiel: ●.

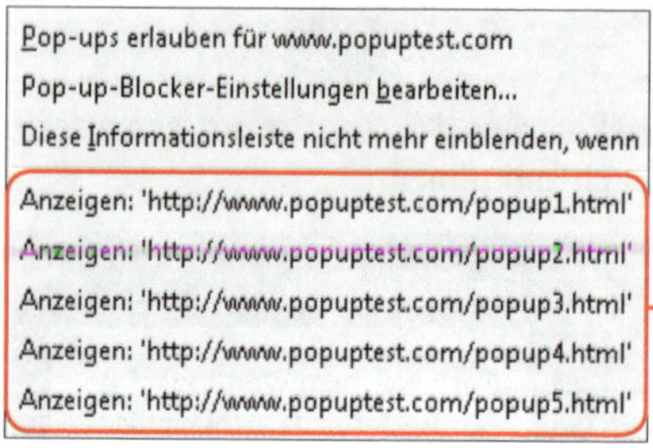

Klicken Sie eines davon an. Da es sich nur um Testfenster handelt, spielt es keine Rolle, welches Sie wählen. Schon erscheint das entsprechende Pop-up-Fenster: ●.

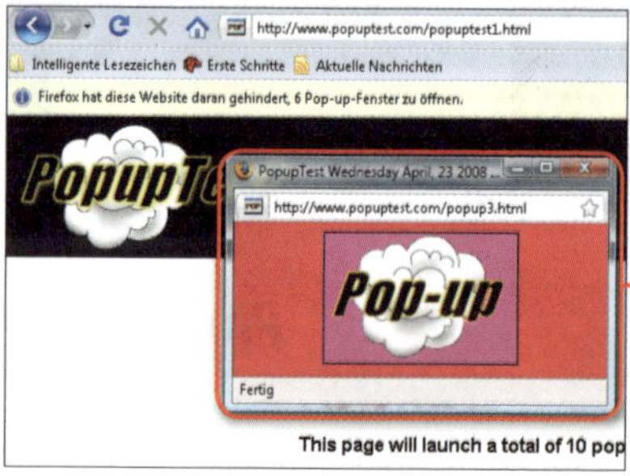

3 Sie können nicht nur einzelne Pop-up-Fenster gezielt ansehen, sondern auch dafür sorgen, dass bei bestimmten Internetauftritten der Pop-up-Blocker überhaupt nicht aktiv wird. Auch diesen Befehl können Sie auf der PopUpTest-Seite probehalber erteilen. Klicken Sie dazu in der Meldungszeile auf

und anschließend auf

.

Die Meldungszeile verschwindet. Klicken Sie nun auf ●,

um die Seite erneut zu laden. Im Beispiel-Testfall wird Ihr Bildschirm daraufhin mit Werbefenstern geradezu zugepflastert.

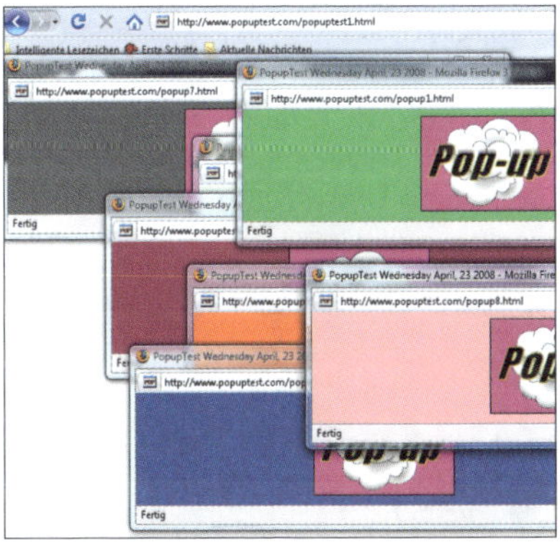

4 Wenn Sie es sich irgendwann anders überlegen, können Sie die Ausnahme-Regelung für eine Internetseite auch widerrufen, den Pop-up-Blocker also wieder aktivieren. Klicken Sie dazu in der Menüleiste des Firefox-Programmfensters zunächst auf

.

In der Befehlsauswahl, die anschließend aufklappt, folgt ein Klick auf

.

5 Das nachfolgende Einstellungsfenster wird Ihnen im Lauf des Buches noch häufiger begegnen. Wenn Sie hier auf ●

klicken, können Sie an dem Haken ●

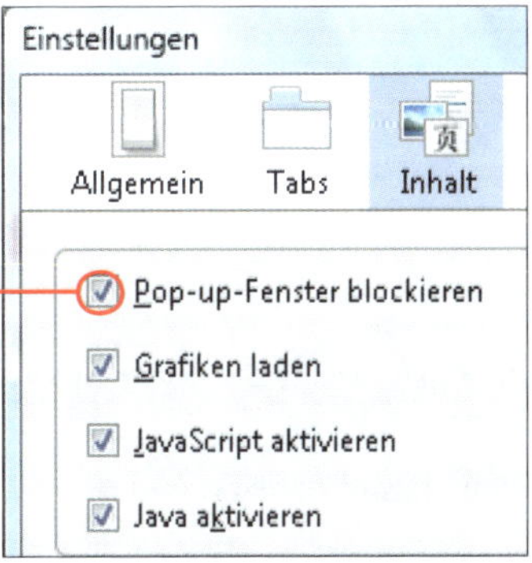

erkennen, dass der Pop-up-Blocker generell aktiv ist. Falls gewünscht, könnten Sie ihn per Mausklick in dieses Kästchen komplett ausschalten. Im Beispiel soll er aber weiterhin genutzt und lediglich eine Ausnahmeregelung widerrufen werden. Klicken Sie daher neben dem Pop-up-Eintrag auf die Schaltfläche

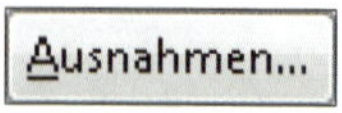

.

6 Im Fenster, das anschließend erscheint, sind alle Ausnahmen aufgelistet. Wollten Sie alle auf einmal zurücknehmen, bräuchten Sie nur auf zu klicken. Im Beispielfall soll aber nur die Ausnahme für die Testseite widerrufen werden. Klicken Sie daher auf ,

um den Eintrag zu markieren ,

und anschließend auf die Schaltfläche

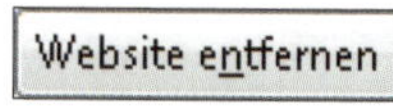

.

Schon ist der Eintrag verschwunden.

7 Da Sie das Ausnahmefenster nun nicht mehr benötigen, klicken Sie auf

.

Auch das Einstellungsfenster können Sie jetzt mit einem Mausklick auf

schließen.

8 Führen Sie einen erneuten Test durch, werden Sie feststellen, dass die Pop-up-Fenster künftig wieder geblockt werden: .

Gruppierte Fenster auf einmal schließen

Wenn Sie Pop-up-Tests durchführen, können ruck, zuck so viele Fenster geöffnet sein, dass sie in der **Taskleiste** nicht mehr als Einzelsymbole erscheinen, sondern gruppiert. Damit Sie nicht mühsam alle Fenster einzeln schließen müssen, klicken Sie mit der rechten (!) Maustaste auf die Gruppe

und im Kontextmenü, das daraufhin erscheint, auf den Eintrag.

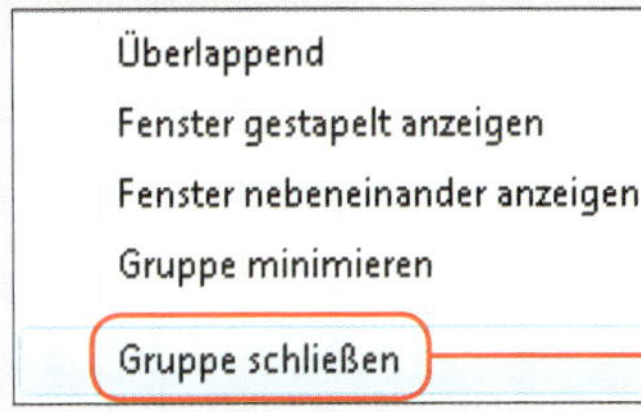

Frühere Eingaben wiederverwenden

Auf vielen Internetseiten finden Sie Eingabefelder, in die Sie etwas eintippen können - zum Beispiel in Anmeldeformulare oder in Suchfelder. Der Firefox erkennt solche Eingabefelder und merkt sich, was Sie eingetippt haben. Diese Funktion kann Ihnen viel Tipparbeit abnehmen, wie das folgende Beispiel zeigt.

1 Rufen Sie den Internetkatalog Web.de (**www.web.de**) auf, und geben Sie ins Suchfeld einen beliebigen Begriff ein, hier.

Durch Drücken der ↵-Taste oder per Klick auf die Schaltfläche

lösen Sie dann den Suchvorgang aus und bekommen eine Liste mit passenden Internetseiten präsentiert.

2 Der Firefox hat sich Ihre Eingabe gemerkt, was Sie ganz leicht prüfen können, wenn Sie die Seite erneut aufrufen und die Suchanfrage wiederholen. Noch während Sie den ersten Buchstaben eintippen, bietet Ihnen der Firefox den bereits verwendeten Suchbegriff an, im Beispiel.

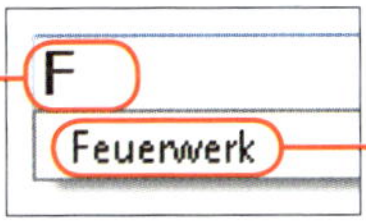

3 Falls Sie die Suche wiederholen möchten, brauchen Sie die Finger gar nicht von der Tastatur zu nehmen. Drücken Sie stattdessen einfach die ⇩-Taste, sodass der Begriff markiert wird: ●.

Nach einem Druck auf die ↵-Taste wird er ins Suchfeld übernommen,

und mit einem erneuten Drücken der ↵-Taste wird die Suche ausgelöst.

4 Das Ganze klappt nicht etwa nur mit der letzten Eingabe. Angenommen, Sie haben früher schon einmal nach dem Begriff Fußball gesucht. In dem Fall bekommen Sie nach Eingabe des Buchstabens ● die beiden Wörter ●

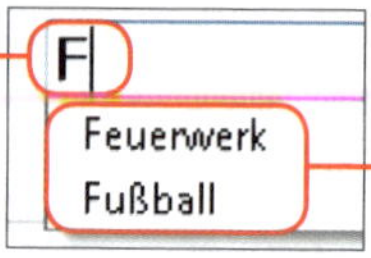

angeboten. Dieses Merken von Eingaben in Formularfelder ist schon recht praktisch. Der Firefox kann aber noch mehr. Auf Ihren Wunsch hin speichert er sogar Zugangsdaten für Internetdienste und trägt diese automatisch ein, wie der folgende Abschnitt zeigt.

Zugangsdaten speichern

Im Internet gibt es unzählige Dienste, die Ihnen einen persönlichen Bereich zur Verfügung stellen, beispielsweise ein **E-Mail**-Konto oder auch Speicherplatz für Ihre Digitalfotos. Der Zugriff auf diesen persönlichen Bereich ist geschützt. Erst nach Eingabe einer Benutzerkennung und eines Passwortes können Sie ihn betreten. Diesen Vorgang nennt man **Login** oder **Einloggen**. Das lästige Eintippen der Zugangsdaten kann der Firefox Ihnen abnehmen. Beachten Sie allerdings, dass diese praktische Merkfunktion auch gewisse Gefahren in sich birgt. Denn wenn Sie diese Option aktiviert haben, kann jeder Nutzer Ihres Rechners Ihre persönlichen Bereiche ganz einfach betreten. Sie sollten Passwörter also nur auf solchen Internetseiten mit dem Firefox speichern, bei denen ein fremder Zugriff nicht allzu tragisch wäre. Im folgenden Beispiel ist dies der Fall:

1 Unter der Internetadresse **www.klack.de** können Sie sich kostenlos über das aktuelle Fernsehprogramm informieren. Registrieren Sie sich bei Klack.de, können Sie in einem persönlichen TV-Planer sogar Sendungen vormerken und sich per E-Mail daran erinnern lassen. Der Zugriff auf diesen persönlichen Bereich ist durch einen Benutzernamen und ein Passwort, die Sie bei der **Registrierung** selbst festlegen, geschützt. Tippen Sie beim Login diese Daten ein, hier ●, und klicken Sie danach auf ●.

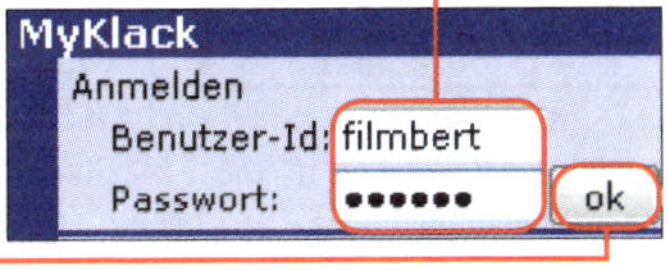

2 Daraufhin gelangen Sie in Ihren persönlichen Bereich und können sich beispielsweise Ihren TV-Planer ansehen.

Der Firefox erkennt, dass Sie sich bei einem Internetdienst eingeloggt haben, und bietet Ihnen in einer Meldezeile unterhalb der Symbolleisten an, das nötige Passwort zu speichern: ●.

Im Beispielfall ist dagegen nichts einzuwenden. Klicken Sie daher rechts von der Meldezeile auf die Schaltfläche ●.

3 Anschließend können Sie gleich testen, ob sich der Firefox Ihre Zugangsdaten wirklich gemerkt hat. Verlassen Sie Ihren geschützten Bereich, indem Sie in der Navigationsspalte der Klack-Seiten auf ●

klicken. (Diesen Vorgang nennt man übrigens **Logout** oder Ausloggen.)

4 Sobald Sie die Klack-Seiten erneut aufrufen, trägt der Firefox ganz automatisch Ihre Zugangsdaten ein. Für das Login brauchen Sie dann nur noch auf die Schaltfläche ● zu klicken.

5 Diese Funktion ist ausgesprochen praktisch, spart Sie Ihnen doch eine Menge Tipparbeit. Zudem müssen Sie sich Ihre Zugangsdaten nicht merken. Dennoch sollten Sie der Versuchung widerstehen, diese Merkfunktion des Firefox überall zu nutzen. Beim Online-Banking beispielsweise sollten Sie unter allen Umständen darauf verzichten. Zu groß ist das Risiko, dass ein Unbefugter damit Zugriff auf Ihr Bankkonto bekommt. In anderen Fällen, etwa bei einem E-Mail-Konto, müssen Sie selbst das Risiko abwägen. Wenn Sie nicht möchten, dass der Firefox Zugangsdaten speichert, klicken Sie in der Meldungszeile auf die Schaltfläche ●. Dann speichert der Firefox das Passwort nicht, das Sie verwendet haben, und Sie werden auch nicht mehr danach gefragt. Möchten Sie die Entscheidung vertagen, klicken Sie einfach auf ●.

Im Kapitel 6 erfahren Sie, wie Sie gegebenenfalls ein versehentlich gespeichertes Passwort aus dem Gedächtnis des Firefox tilgen können.

3 Professionell im Internet stöbern

Im vorigen Kapitel wurden die grundlegenden Navigationstechniken des Firefox vorgestellt, die wirklich jeder braucht. Dieses Kapitel wendet sich vor allem an Surf-Profis oder diejenigen, die es werden wollen. Denn der Firefox bietet Ihnen diverse Möglichkeiten, sich bequemer und schneller im Internet zu bewegen - wenn man nur weiß, wo die jeweiligen Funktionen zu finden sind. Besonders großen Raum nimmt dabei das **Surfen** in Registern ein. Diese Technik ist besonders bei intensiven Recherchen ein unverzichtbarer Helfer.

Im dritten Kapitel dieses Buches erfahren Sie,

- wie Sie Seiten in Registern und in Fenstern anzeigen lassen,
- wie Sie Ihren Internetausflug jederzeit unterbrechen und nahtlos wieder aufnehmen,
- wie Sie das Startverhalten des Firefox bestimmen,
- wie Sie Textstellen und **Link**s weitergeben
- und wie Sie **Datei**en aus dem Internet auf Ihren PC überspielen können.

Kapitel-Wegweiser

Mehrere Seiten gleichzeitig anzeigen

Der Firefox bietet Ihnen die Möglichkeit, mehrere Seiten gleichzeitig anzeigen zu lassen. Das ist beispielsweise von Vorteil, wenn Sie nacheinander **Link**listen abarbeiten wollen. In Artikeln, die Sie zum Beispiel auf den Internetseiten von COMPUTER BILD lesen, finden sich meist Links zu verwandten Themen oder weiterführenden Artikeln. Wie Sie wissen, werden Sie mit der entsprechenden Seite verbunden, sobald Sie mit der linken Maustaste auf einen solchen Link klicken. Die Seite mit dem Link ist dann nicht mehr zu sehen. Es geht aber auch anders:

1 Im Beispielartikel befinden sich mehrere Links, die Sie verfolgen möchten. Daher ist es einfacher, wenn Sie diese Seite weiterhin angezeigt lassen. Klicken Sie in diesem Fall mit der rechten (!) Maustaste auf einen Link, beispielsweise ●,

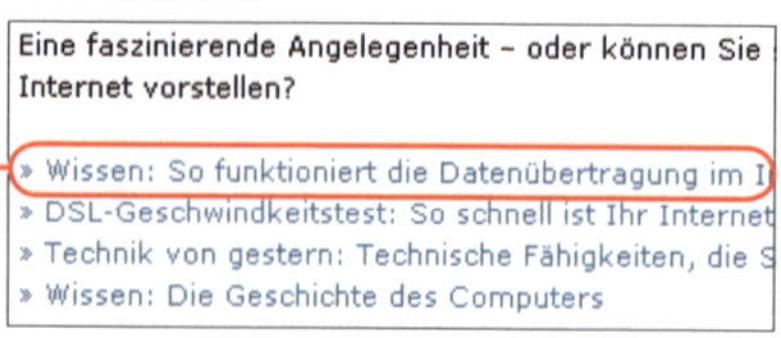

und danach im aufklappenden Kontextmenü auf ●.

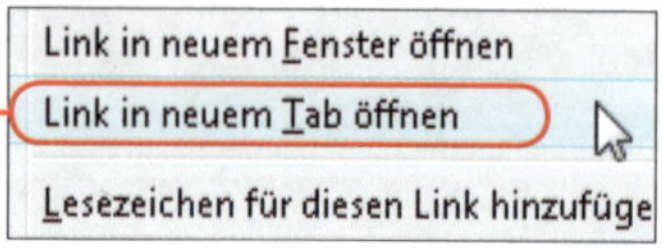

2 Die Seite aus Schritt 1 wird jetzt nach wie vor angezeigt. Zwischen Symbolleisten und Anzeigebereich ist aber nun eine weitere Leiste mit Registerreitern zu sehen. Wenn Sie auf den zweiten Registerreiter ●

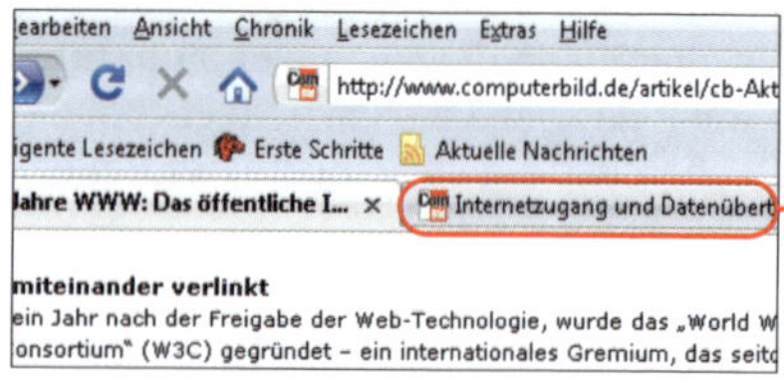

klicken, wird das dazugehörige Register in den Vordergrund geholt. Darauf sehen Sie die Seite, die Sie in Schritt 1 aufgerufen haben. Per Klick auf ● können Sie wieder die ursprüngliche Seite in den Vordergrund holen.

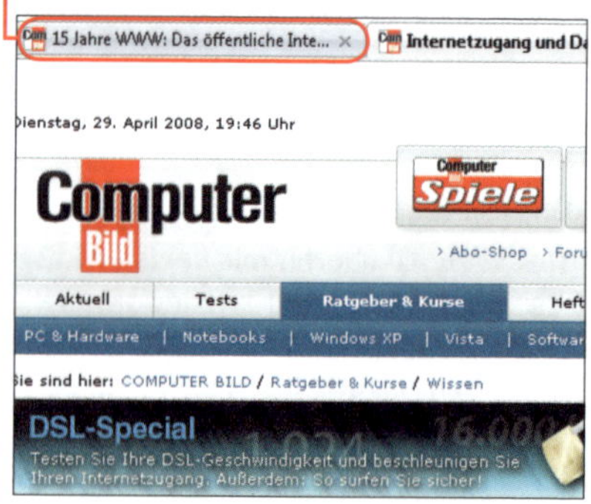

Es sind also zwei Seiten in einem Firefox-Fenster geöffnet. Diese Art des Surfens in Registerfenstern (engl.: „tab") wird oft als Tabbed Browsing bezeichnet.

3 Auf diese Weise lassen sich problemlos auch mehrere Seiten in neuen Registern anzeigen. Sie brauchen dabei auch gar nicht darauf zu warten, bis eine Seite vollständig geladen ist, was ja in manchen Fällen selbst mit einer **DSL**-Verbindung einige Zeit dauern kann. Das Laden erfolgt komplett im Hintergrund. Selbst bei vielen geöffneten Registern bleibt Ihr Firefox-Fenster also übersichtlich, da die Registerreiter mit dem jeweiligen Seitentitel beschriftet sind, etwa ●.

4 Falls Sie so viele Register geöffnet haben, dass die Übersichtlichkeit leiden könnte, hat der Firefox folgende Lösung parat: Registerreiter, die nicht mehr in die Leiste passen, werden nicht mehr angezeigt, und stattdessen erscheinen am rechten Rand zusätzliche Symbole. Mit einem Mausklick auf ●

können Sie sich das nachfolgende, gerade nicht sichtbare Register anzeigen lassen.

Analog dazu können Sie am linken Rand der Registerleiste per Klick auf ●

nach links blättern.

Alle Register im Blick

Je mehr Register geöffnet sind, desto schmaler werden die Registerreiter. Und manche sind möglicherweise gerade gar nicht sichtbar. Wenn Sie ein bestimmtes Register suchen, brauchen Sie jetzt nicht wild durch die Reiter zu blättern. Klicken Sie stattdessen ganz rechts in der Leiste mit den Registerreitern auf das Dreieckssymbol ●.

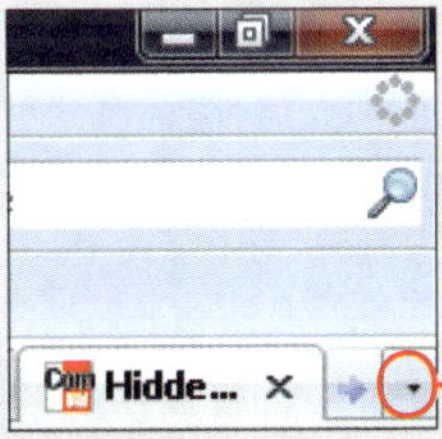

Daraufhin klappt eine übersichtliche Liste mit allen derzeit geöffneten Seiten auf.

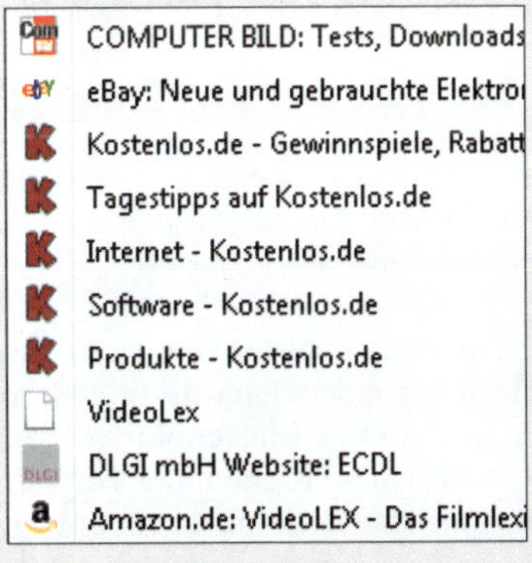

Mit einem Mausklick können Sie dann das gesuchte Register in den Vordergrund holen.

5 Um ein Register, das sich im Vordergrund befindet, zu schließen, klicken Sie einfach auf das Kreuz, etwa ●.

Oft ist es jedoch so, dass Sie nur ein Register offen halten wollen und die anderen gar nicht mehr benötigen. Klicken Sie in dem Fall mit der rechten (!) Maustaste auf den Registerreiter und im dann geöffneten Kontextmenü auf ●.

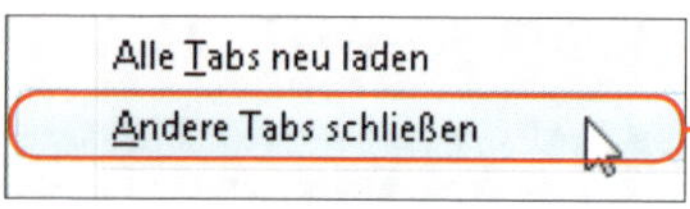

Sobald Sie den Hinweis im nächsten Fenster per Klick auf ●

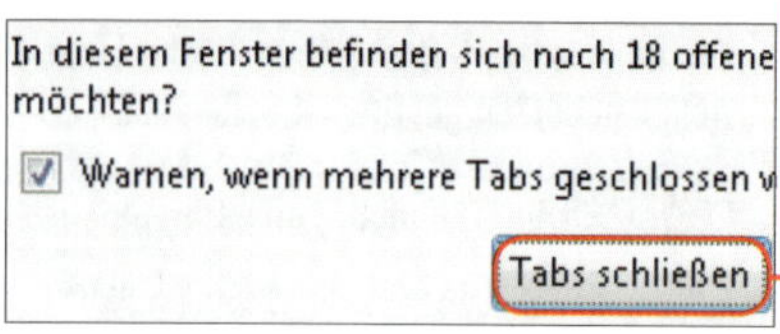

bestätigt haben, werden alle Register geschlossen - bis auf dasjenige, dessen Reiter Sie angeklickt hatten.

6 Ein neues Register können Sie nicht nur von einem Link aus öffnen, sondern auch direkt: Klicken Sie dazu in der Menüleiste des Programmfensters auf ● sowie anschließend auf den Eintrag ●.

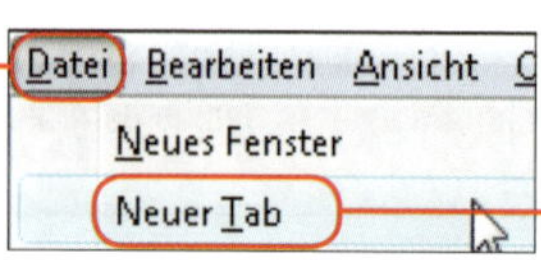

Daraufhin wird ein leeres Register eingeblendet.

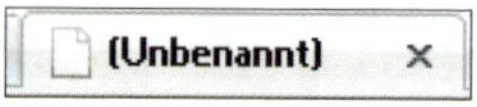

Da sich die **Einfügemarke** gleich in der Adresszeile ●

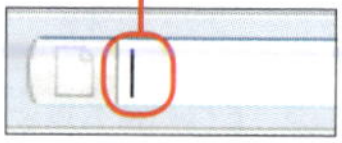

befindet, können Sie die gewünschte Internetadresse sofort eintippen.

7 Wenn Sie mehr als eine Seite geöffnet haben, ist automatisch die Leiste mit den Registerreitern zu sehen. Auch darüber können Sie ein neues leeres Register aufrufen: Klicken Sie mit der rechten (!) Maustaste auf einen beliebigen Registerreiter und im dann aufgeklappten Kontextmenü auf ●.

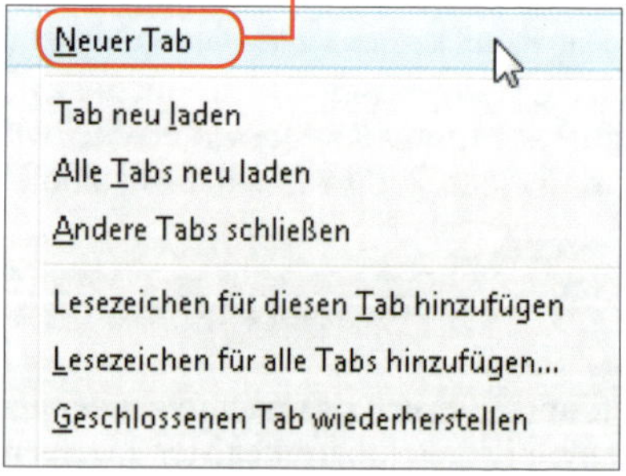

Sollten Sie diese Methode bevorzugen, ist es natürlich sinnvoll, die Leiste mit den Registerreitern ständig im Blick zu haben - und nicht erst, wenn eine zweite Seite geöffnet wird. Wie das geht, erfahren Sie im Kapitel 7.

Register anders anordnen

Beim Öffnen eines neuen Registers erscheint der dazugehörige Reiter immer am rechten Rand der Leiste. Mitunter kann es sinnvoll sein, die Reihenfolge der Registerreiter, die ja mehr oder weniger zufällig zustande kommt, zu verändern. Im Beispielfall stöbern Sie in den Buchangeboten bei Ebay ● und möchten öfter bei Amazon nachschauen, wie viel ein Titel dort kosten würde. Es ist also sinnvoll, die beiden Registerreiter nebeneinander zu platzieren. So geht's: Klicken Sie auf den Amazon-Reiter ●,

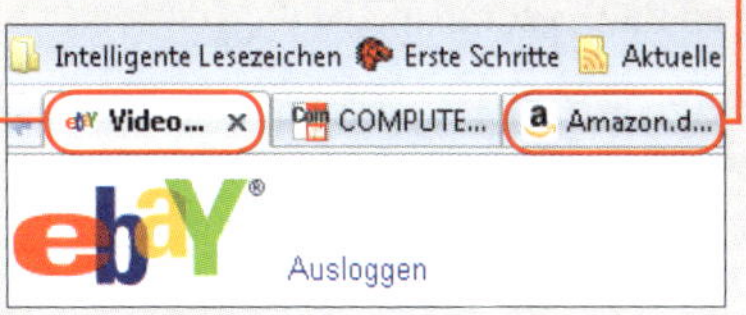

halten Sie die Maustaste gedrückt, und führen Sie dann mit weiterhin gedrückter Maustaste eine Ziehbewegung nach links aus. Während des **Ziehens** verändert der Mauszeiger seine Form ●, und ein blauer Pfeil zeigt Ihnen die jeweilige Einfügeposition an. Befindet sich der Pfeil neben der Ebay-Seite ●,

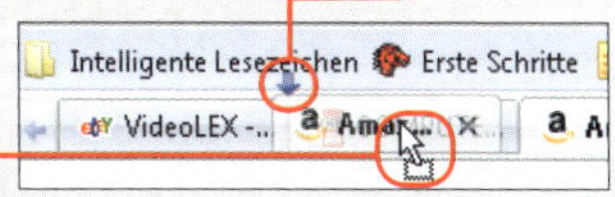

lassen Sie die Maustaste los. Schon haben Sie den Amazon-Registerreiter an die gewünschte Position verschoben.

Trickreich navigieren mit Registern

Der Firefox bietet einige Tricks, mit deren Hilfe Sie das Tabbed Browsing, also die Seitenanzeige in Registern richtig ausreizen können.

1 Ein neues leeres Register (siehe Schritt 6 des vorigen Abschnitts) können Sie auch öffnen, indem Sie gleichzeitig die Tasten Strg und T drücken.

2 Um einen Link in einem neuen Register zu öffnen, können Sie - statt mit der rechten (!) Maustaste auf den Link und dann auf den entsprechenden Befehl im Kontextmenü zu klicken (siehe Schritt 1 des vorigen Abschnitts) - auch einfach mit der mittleren Maustaste klicken beziehungsweise das Scrollrad ● drücken.

3 Falls Sie eine ganz einfache Maus verwenden, die die Funktion Mittlere Maustaste nicht unterstützt, können Sie das Kontextmenü trotzdem umgehen. Drücken Sie in dem Fall einfach die Taste [Strg], während Sie ganz normal mit der linken Maustaste auf den Link klicken. Auch dadurch veranlassen Sie den Firefox, die Seite, die sich hinter dem Link verbirgt, in einem neuen Register zu öffnen.

4 Und es gibt noch eine Möglichkeit, ein neues Register zu öffnen: Angenommen, Sie befinden sich gerade auf den Seiten von COMPUTER BILD und wollen mal eben auf Ebay den Stand einer Auktion prüfen. Tippen Sie also die entsprechende Adresse ein: ●.

Würden Sie jetzt die [↵]-Taste drücken, würde die Seitenanzeige zu Ebay wechseln. Drücken Sie aber [Alt] und [↵], erfolgt kein Wechsel der Seitenanzeige, sondern die Ebay-Seite wird einem neuen Register geöffnet.

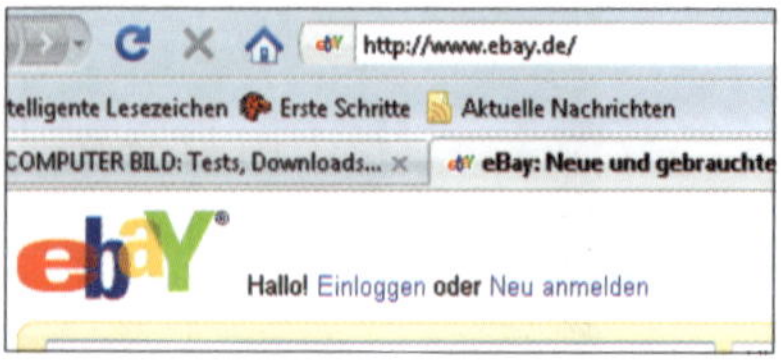

5 Damit das Register, das sich gerade im Bildschirmvordergrund befindet, geschlossen wird, ist die Maus – wie im vorigen Abschnitt in Schritt 5 beschrieben – nicht unbedingt nötig. Sie können stattdessen auch die **Tastenkombination** [Strg] und [W] verwenden.

6 Der Firefox bietet Ihnen auch Tastenkombinationen, um zwischen der Anzeige von Registerfenstern zu wechseln. Stellen Sie sich vor, Sie haben beispielsweise von links nach rechts die Seiten von COMPUTER BILD, Ebay und Kostenlos.de in Registern geöffnet. Aktuell im Vordergrund ist die Ebay-Seite ●.

Um nun die COMPUTER BILD-Seite nach vorne zu holen, also ein Register nach links zu wechseln, verwenden Sie die Tastenkombination [Strg] und [Bild↑]. Entsprechend können Sie mit [Strg] und [Bild↓] ein Register nach rechts wechseln.

7 Wenn Sie viele Register geöffnet haben und weit nach links oder rechts navigieren wollen, könnten Sie diese Befehlsfolge mehrfach wiederholen. Es geht aber auch schneller: Der Firefox nummeriert nämlich die Register intern von links nach rechts. Möchten Sie also beispielsweise Kostenlos.de, also das dritte Register von links

aufrufen, drücken Sie einfach die Tasten [Strg] und [3].

8 Um eine Seite in einem Register neu zu laden, gibt es ebenfalls einen Trick. Ein Beispiel: Während Sie sich auf den Internetseiten von COMPUTER BILD umschauen, beobachten Sie gleichzeitig eine Ebay-Auktion. Damit Sie das Auktionsende nicht verpassen, müssen Sie diese hin und wieder aktualisieren, also neu laden. Da sich im Beispielfall die COMPUTER BILD-Seite im Vordergrund befindet, müssten Sie dazu eigentlich erst den Registerreiter anklicken und dann das Symbol.

Flotter geht es, wenn Sie auf den Registerreiter, im Beispiel ist das also

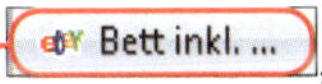

klicken, die Maustaste gedrückt halten und ihn dann bei weiterhin gedrückter Maustaste kurz nach unten, also aus der Leiste „herausziehen":

Dann lassen Sie die Maustaste los. Auf diese Weise holen Sie in einer einzigen fließenden Bewegung die Ebay-Seite in den Vordergrund, die dabei auch gleich neu geladen wird, was bei einem einfachen Anklicken des Reiters nicht der Fall wäre.

! Seitenanfang und -ende schnell ansteuern

Viele Internetseiten sind sehr lang. Mithilfe der **Bildlaufleiste** können Sie sich durch solche Ungetüme bewegen. Den Seitenanfang oder das Seitenende können Sie sogar direkt „anspringen". Drücken Sie dazu einfach die Tastenkombination [Strg] und [Pos1] (Seitenanfang) oder [Strg] und [Ende] (Seitenende).

Geschlossene Register wieder öffnen

Ein unbedachter Mausklick - und schon ist es passiert: Sie haben aus Versehen ein Register geschlossen. Wenn Sie sich an die Adresse der Seite erinnern können, ist das natürlich kein Problem. Was aber, wenn das nicht der Fall ist...? Dann werden Sie froh sein, mit dem Firefox im Internet unterwegs zu sein. Denn der Firefox erinnert sich an die Register, die Sie geschlossen haben.

1 Öffnen Sie einige Seiten in Registern, etwa den Auftritt von COMPUTER BILD, Kostenlos.de und eine Ebay-Seite. Klicken Sie dann zum Beispiel auf ●,

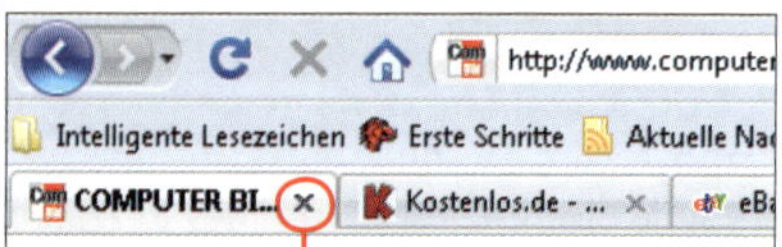

um die COMPUTER BILD-Seite zu schließen.

2 Sollte sich dieser Mausklick als Irrtum erweisen, klicken Sie mit der rechten (!) Maustaste auf einen der noch verbliebenen Registerreiter ●

und anschließend im Kontextmenü auf ●.

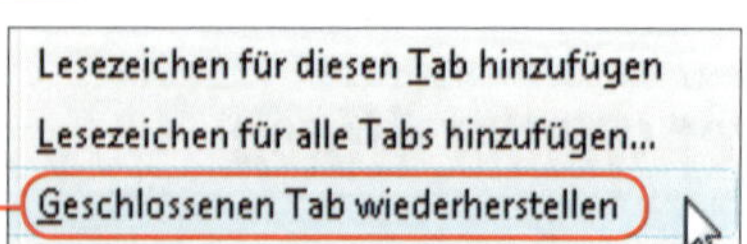

Schon wird das Register mit der COMPUTER BILD-Seite wieder geöffnet.

3 Es wird noch besser: Öffnen Sie ein paar Seiten in Registern, und schließen Sie dann einige wieder. Anschließend klicken Sie in der Menüleiste des Programmfensters auf

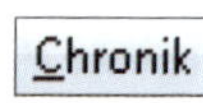

und führen den Mauszeiger über den Eintrag

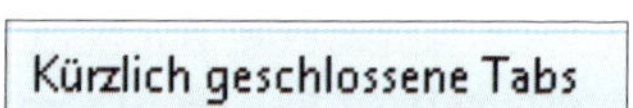

.

Seitlich klappt daraufhin eine Liste aller in dieser **Arbeitssitzung** geschlossenen Register auf. Wenn Sie eines dieser Register wieder öffnen möchten, brauchen Sie nur den entsprechenden Eintrag anzuklicken. Wenn Sie alle auf einen Schlag öffnen wollen, genügt ein Klick auf ●.

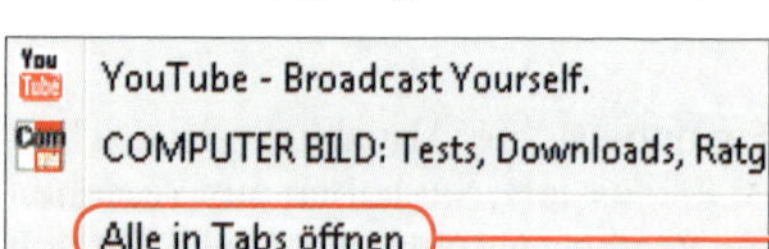

Surfen mit mehreren Fenstern

Das Surfen mit Registern ist ausgesprochen praktisch, denn dadurch können Sie blitzschnell verschiedene Seiten anzeigen lassen. Es gibt jedoch Situationen, in denen es sinnvoll ist, mit zwei oder mehr Programmfenstern zu arbeiten, wie das folgende Beispiel zeigt:

1 Auf der Seite **www.astro-link.de** gibt es jede Menge Querverweise zu Internetauftritten rund um das Thema Astronomie. Etliche der Seiten, auf die verwiesen wird, lassen Sie sich in Registern anzeigen: ●.

2 Nun stellen Sie sich aber vor, Sie möchten nebenbei zum Beispiel noch in Ihr E-Mail-Konto schauen, eine Ebay-Auktion verfolgen oder gar eine zweite Recherche durchführen, die mit Astronomie gar nichts zu tun hat. In diesem Fall wäre es nicht sinnvoll, die betreffenden Seiten im selben Fenster als Register zu öffnen, weil die Übersicht dann verloren ginge. Es ist also besser, ein zweites Firefox-Fenster zu öffnen. Dazu brauchen Sie gar nicht die Start-Prozedur auszuführen, wie im Kapitel 1 gezeigt. Klicken Sie stattdessen in der Menüleiste auf

und anschließend auf

.

Alternativ können Sie auch die Tastenkombination [Strg] und [N] drücken. Sofort erscheint zusätzlich zum ersten Firefox-Fenster ein zweites Firefox-Fenster, in dem ganz normal die Startseite zu sehen ist.

In diesem Fenster können Sie jetzt beliebige Seiten aufrufen, ohne dass Ihre Astronomie-Recherche verwässert wird.

3 In der **Taskleiste** befinden sich nun zwei Firefox-Einträge. Per Mausklick können Sie das Fenster mit den Astronomie-Links (inklusive der geöffneten Register) ● oder das „frische" Fenster ●

in den Vordergrund holen.

4 Mitunter verzweigt eine Recherche. Dann empfiehlt es sich, einen Link in einem neuen Fenster zu öffnen. Im Beispiel möchten Sie, ausgehend von der Astro-Link-Seite, einen Verweis zur Apollo-Raumfahrtmission in einem neuen Fenster verfolgen. Dazu brauchen Sie nur mit der rechten (!) Maustaste auf den Link ●

zu klicken und im nachfolgenden Kontextmenü wieder normal mit der linken Taste auf ●.

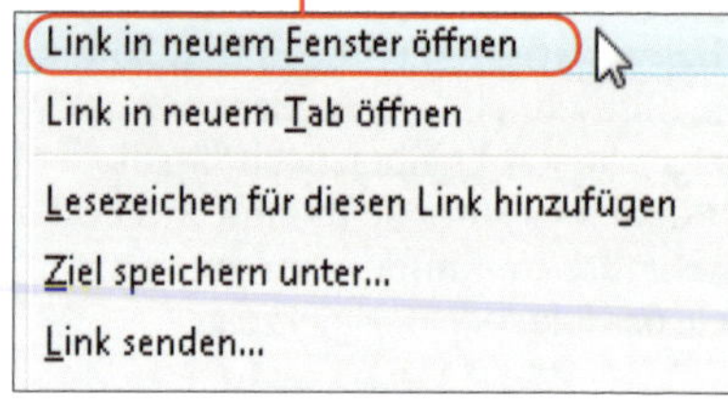

Eine Arbeitssitzung fortsetzen

Wenn Sie intensiv im Internet recherchieren, vergeht die Zeit wie im Flug. Es kommt daher häufig vor, dass Sie urplötzlich unter Zeitdruck sind und dringend einen Termin wahrnehmen müssen - und das ausgerechnet dann, wenn Sie viele Register und womöglich sogar mehrere Fenster geöffnet haben. Jetzt könnten Sie Ihren PC natürlich einfach in den Ruhezustand versetzen, um dann nach Ihrer Rückkehr die Arbeit fortzusetzen. Es geht aber eleganter:

1 Im Beispielfall haben Sie zwei Firefox-Fenster geöffnet, eines mit der Astro-Link-Seite, die bereits im vorigen Abschnitt als Beispiel diente. Darin sind etliche Verweise in Registern geöffnet.

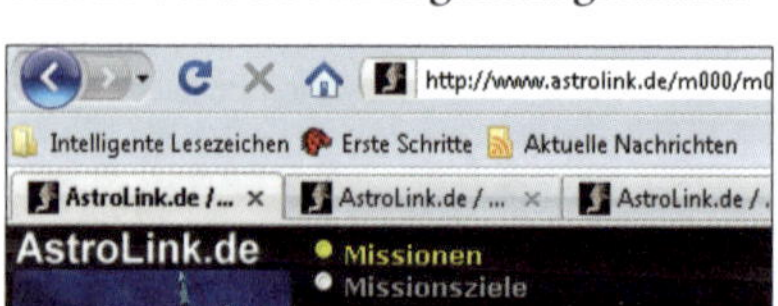

Im zweiten Fenster ist die Seite des **Online**-Buchhändlers Amazon zu sehen, wo Sie gerade auf ein interessantes Buch gestoßen sind.

2 Würden Sie in diesem zweiten Fenster, ohne geöffnete Register, jetzt einfach auf das Schließkreuz

klicken, würde dieses Firefox-Fenster ohne weitere Nachfrage geschlossen.

Das andere Programmfenster mit der Astro-Link-Seite wäre nach wie vor geöffnet. Würden Sie auch darin auf das Schließkreuz klicken, würde immerhin eine Warnmeldung erscheinen. Mit einem Klick auf

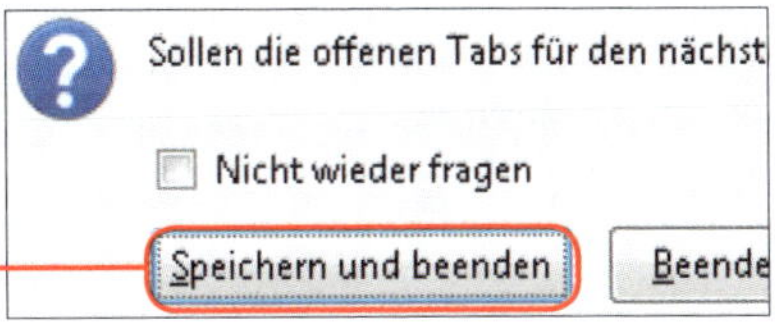

könnten Sie dafür sorgen, dass beim nächsten Start dieses eine Programmfenster wiederhergestellt, also alle Register wieder geöffnet würden. Das Buch bei Amazon müssten Sie allerdings wieder mühsam suchen.

3 Gehen Sie daher folgendermaßen vor: Holen Sie eines der beiden Firefox-Fenster in den Vordergrund, welches spielt keine Rolle. Klicken Sie dann in der Menüleiste auf

,

danach auf

und schließlich in der erscheinenden Meldung auf

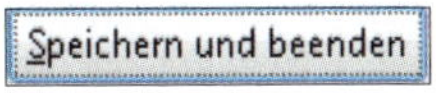

.

4 Daraufhin werden zwar beide Firefox-Fenster geschlossen. Beim nächsten Start aber werden dafür *beide* Fenster automatisch wieder geöffnet, und zwar genau so, wie Sie sie verlassen haben. Es erscheint also die Astro-Link-Seite mit allen geöffneten Registern und auch das zweite Programmfenster mit der Amazon-Seite.

Den Befehl, dass alle Fenster und Register bei einem Neustart wiederhergestellt werden, können Sie auch generell erteilen. Wie das geht, erfahren Sie im untenstehenden Kasten.

Weitersurfen nach einem Absturz

Windows Vista ist zwar wesentlich stabiler als manche Windows-Vorgängerversion. Dennoch kann es mitunter zu einem Absturz des **Betriebsprogramms** kommen. In einem solchen Fall werden natürlich alle Programme ohne Ihr Zutun geschlossen. Damit Sie nach dem Neustart des Computers möglichst reibungslos weiterarbeiten können, bietet Ihnen der Firefox an, die letzte Arbeitssitzung wiederherzustellen, also alle Fenster und Register wieder so anzuzeigen, wie sie zum Zeitpunkt des Absturzes geöffnet waren. Sie müssen dazu lediglich im Hinweisfenster, das nach einem Absturz beim Neustart erscheint, auf

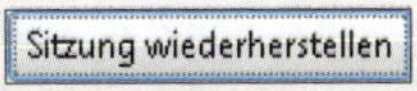

klicken. Möchten Sie den Firefox ganz normal starten, klicken Sie stattdessen auf

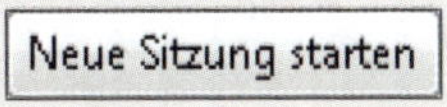

.

Diese sogenannte Sitzungswiederherstellung funktioniert nicht nur, wenn Windows Vista den Dienst versagt, sondern auch, wenn nur der Firefox abstürzt.

Startseiten festlegen

Die Internetseite, die automatisch direkt nach dem Start eines **Browser**-Programms geladen wird, nennt man Startseite. Beim Firefox handelt es sich dabei normalerweise um eine Mozilla-Seite, von der aus Sie gleich auf die **Suchmaschine** Google zugreifen können.

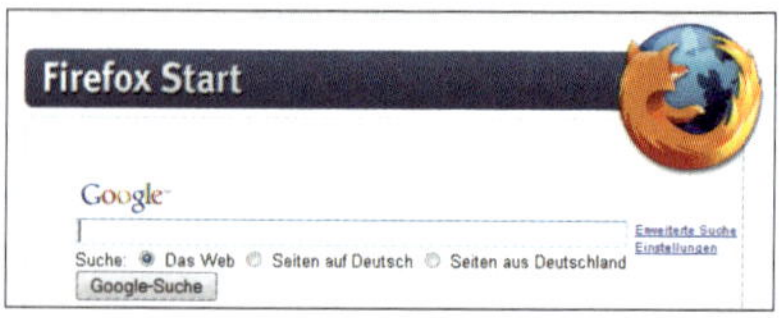

Je nachdem, woher Sie den Firefox bezogen haben, kann es sich auch um eine andere Seite handeln. Letztlich ist es aber egal, da es Ihnen überlassen bleibt, was Sie nach dem Programmstart zu sehen bekommen.

1 Angenommen, Sie beginnen Ihre Internetausflüge im Allgemeinen mit einem Blick in Ihr Online-**E-Mail**-Konto bei Arcor. Dann bietet es sich an, die dazugehörige **Login**-Seite als Startseite festzulegen. Rufen Sie diese Seite im Firefox auf.

2 Klicken Sie danach in der Menüleiste des Programmfensters auf

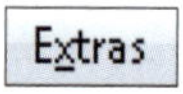

sowie anschließend auf

Im Einstellungsfenster, das daraufhin in den Vordergrund rückt, klicken Sie gegebenenfalls auf ●.

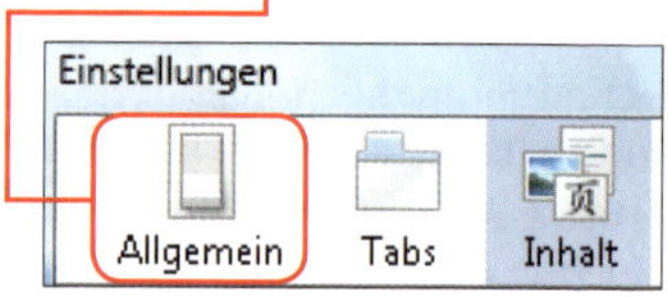

Behalten Sie die Auswahl ● bei, und klicken Sie auf die Schaltfläche ●.

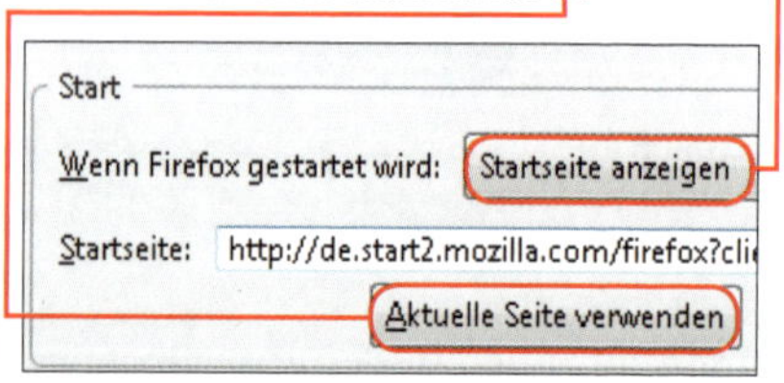

3 Daraufhin wird die Adresse, die Sie im ersten Schritt angesteuert haben, übernommen,

und Sie können zur Bestätigung auf

klicken. Von nun an wird die Arcor-Seite aus Schritt 1 automatisch nach jedem Programmstart oder nach jedem Mausklick auf

angezeigt.

4 Möchten Sie etwas Abwechslung? Zum Glück sind Sie nicht auf eine einzige Startseite beschränkt. Sie können den Firefox auch anweisen, mehrere zu verwenden. Rufen Sie die entsprechenden Seiten in Registern auf, und wiederholen Sie die Schritte 2 und 3. Die letzte Schaltfläche in Schritt 2 sieht dabei nur geringfügig anders aus:

Ansonsten verläuft alles identisch.

Wieder die ursprüngliche Mozilla-Seite verwenden

Falls Sie im Lauf der Zeit feststellen, dass die Grundeinstellung des Firefox gar nicht so schlecht war, können Sie die spezielle Mozilla-Seite mit der Google-Suche jederzeit wieder zur Startseite machen. Sie brauchen dazu im Einstellungsfenster (siehe Schritt 2 der nebenstehenden Anleitung) nur auf

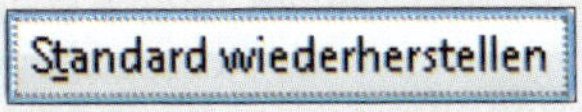

zu klicken.

5 Vielleicht finden Sie Startseiten aber auch gar nicht so wichtig und wünschen sich eher, dass Sie Arbeitssitzungen jederzeit schnell unterbrechen und nahtlos wieder fortsetzen können? Auch das können Sie ganz leicht erreichen. Klicken Sie einfach im Einstellungsfenster (siehe Schritt 2) auf ●,

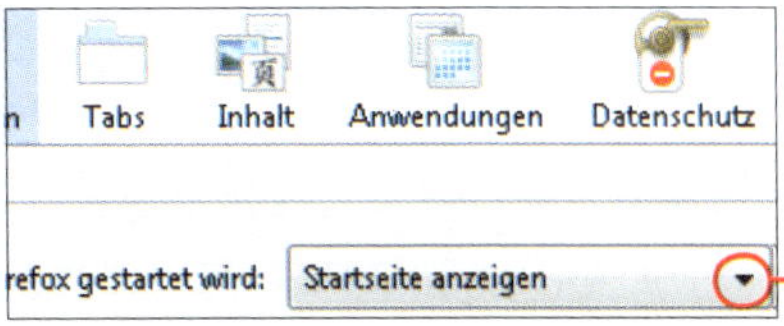

in der daraufhin geöffneten Auswahl auf den Eintrag ●

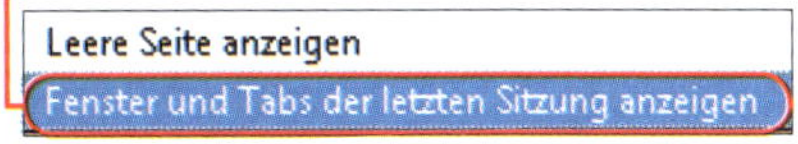

sowie anschließend zur Bestätigung auf

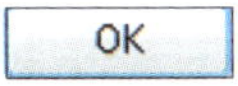

.

6 Dadurch erreichen Sie, dass der Firefox bei jedem Start alle Register öffnet, die zum Zeitpunkt des letzten Schließens gerade geöffnet waren. Und wenn Sie mehrere Fenster geöffnet haben und den Firefox statt über das Schließkreuz per Klicks auf

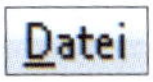

und

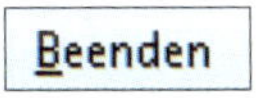

schließen, werden beim nächsten Start ebenfalls alle Register wieder sichtbar.

7 Wollen Sie - aus welchen Gründen auch immer -, dass der Firefox nach dem Start überhaupt keine Seite lädt, klicken Sie in der Auswahl von Schritt 5 einfach auf den Eintrag ●.

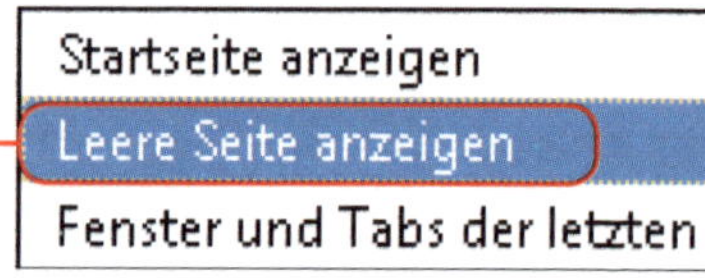

Lesezeichen als Startseiten verwenden

Im Kapitel 5 erfahren Sie, wie Sie Verweise zu Ihren Lieblingsseiten im Firefox als sogenannte Lesezeichen speichern und in **Ordnern** einsortieren können. Auch Lesezeichen lassen sich in Startseiten einbinden. Wählen Sie dazu im Einstellungsfenster gegebenenfalls den Befehl ●, und klicken Sie dann auf ●.

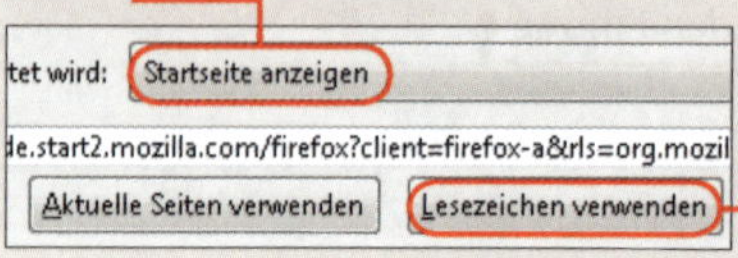

Daraufhin öffnet sich ein Dialogfenster, in dem Sie ein einzelnes Lesezeichen oder auch einen kompletten Ordner zur künftigen Startseite bestimmen können.

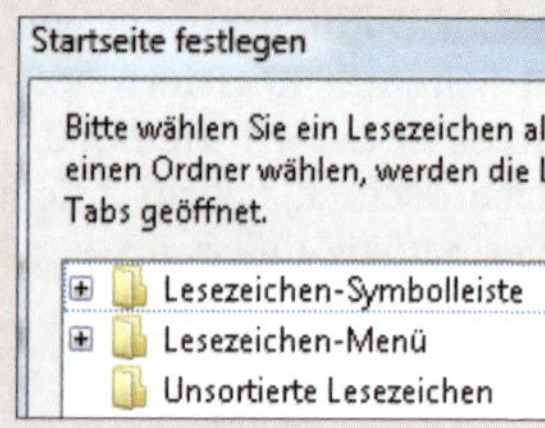

Seitenanzeige beeinflussen

Ob Ihnen Internetseiten gefallen, hängt auch vom Design ab. Daher können Sie auf die Anzeige Einfluss nehmen. Zum einen können Sie die Größe der Darstellung ändern, Seiten also größer oder kleiner darstellen lassen. Zum anderen haben Sie die Möglichkeit, sich auf den Text von Seiten zu konzentrieren, indem Sie grafische Stilelemente oder auch Mediendateien wie Bilder ausblenden. Das erhöht die Ladegeschwindigkeit von Seiten, was vor allem dann von Vorteil ist, wenn Sie nur über eine langsame Internetverbindung verfügen.

1 Junge Leute mit Adleraugen haben praktisch nie Probleme, Internetseiten zu lesen. Mit zunehmendem Alter und abnehmender Sehkraft kann es allerdings immer schwieriger werden, die oft recht kleinen Schriften auf dem Monitor zu entziffern. Der Firefox lässt Sie aber auch damit nicht im Stich: Sie können die Anzeigegröße auf einer Seite bequem selbst festlegen. Rufen Sie eine beliebige Internetseite auf. Die Beispielabbildung zeigt einen Wikipedia-Artikel (**www.wikipedia.de**) über die Geschichte der Stadt Konstanz am Bodensee.

2 Drücken Sie jetzt die Tastenkombination [Strg] und [+], werden Schrift und Bilder größer dargestellt. Das Layout als solches bleibt aber erhalten. Nach mehrfachem Betätigen der Tastenkombination sieht die Seite beispielsweise so aus:

Um die Anzeige gegebenenfalls wieder zu verkleinern, drücken Sie [Strg] und [-].

Größenveränderung wird gespeichert

Der Firefox speichert Größenänderungen, die Sie in der Anzeige vorgenommen haben. Wenn Sie also im Beispielfall nach den Schritten 1 und 2 einen anderen Internetauftritt besuchen und dann zur Wikipedia-Seite zurückkehren, finden Sie diese genau so vor, wie Sie sie verlassen haben. Sie brauchen die Darstellung also nicht erneut zu vergrößern, um sie besser lesen zu können.

3 Wenn Sie die [Strg]-Taste gedrückt halten, können Sie die Anzeige mit dem Scrollrädchen Ihrer Maus

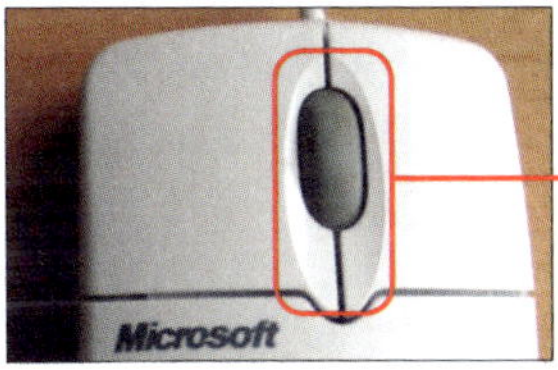

auch stufenlos anpassen.

4 Mit der Tastenkombination [Strg] und Ziffer Null [0] kehren Sie wieder zum „Normalzustand" zurück. Die Seite sieht dann also wieder so aus, wie der Designer sie ursprünglich angelegt hat.

5 Die Veränderung der Anzeigegröße können Sie auch über Menübefehle erreichen. Klicken Sie in der Menüleiste auf

Ansicht

und führen dann den Mauszeiger über den Eintrag

Zoom ▸,

öffnet sich eine Befehlsauswahl.

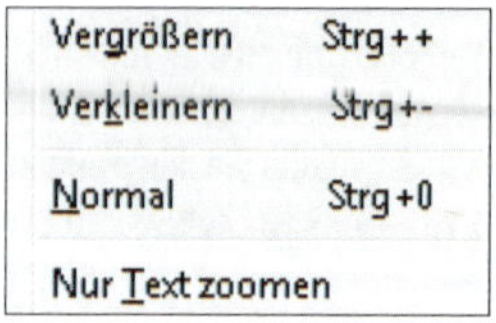

Per Mausklick auf den entsprechenden Eintrag können Sie die Seitenanzeige vergrößern, verkleinern oder wieder zur Standardanzeige zurückkehren.

6 Damit lediglich der Text gezoomt wird, klicken Sie ganz unten auf den Eintrag

Nur Text zoomen.

Die Bilder auf einer Seite bleiben von der Größenveränderung unberührt.

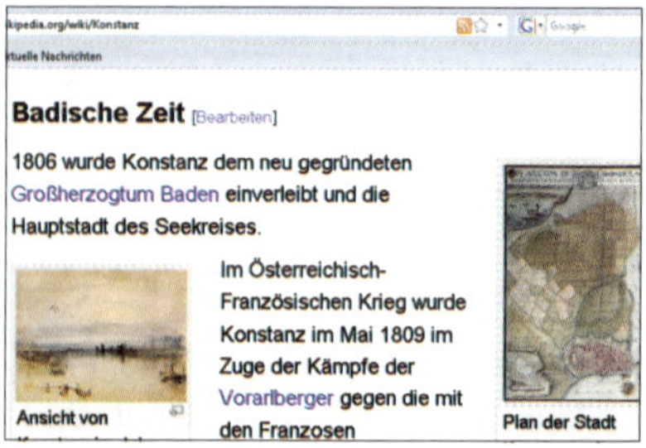

Durch Wiederholen der in Schritt 5 beschriebenen Klicks können Sie dieses Verhalten bei Bedarf wieder ändern.

7 Manchmal erschwert jedoch keine geringe Schriftgröße das Lesen, sondern eine unglückliche Farbwahl. Berüchtigte Beispiele sind dunkle Schriften vor schwarzem Hintergrund. Glücklicherweise können Sie mit dem Firefox eine Seite aber auch in ihrem „Rohzustand" darstellen. Als Beispiel dient die Seite Kostenlos.de, obwohl diese Seite keine gravierenden Design-Sünden enthält. Am linken Rand sehen Sie die grafisch gestaltete Navigationsspalte: ●.

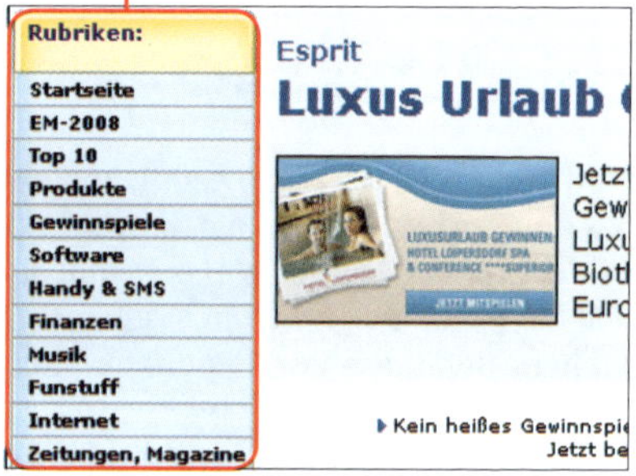

8 Um jetzt die Optik zu „neutralisieren", klicken Sie in der Menüleiste auf

Ansicht,

führen dann den Mauszeiger über

Webseiten-Stil

und klicken schließlich in der seitlich aufklappenden Auswahl auf ●.

Daraufhin erscheint der Hintergrund weiß, die Schriftfarbe ist schwarz, und Links erkennen Sie an blauer Schrift.

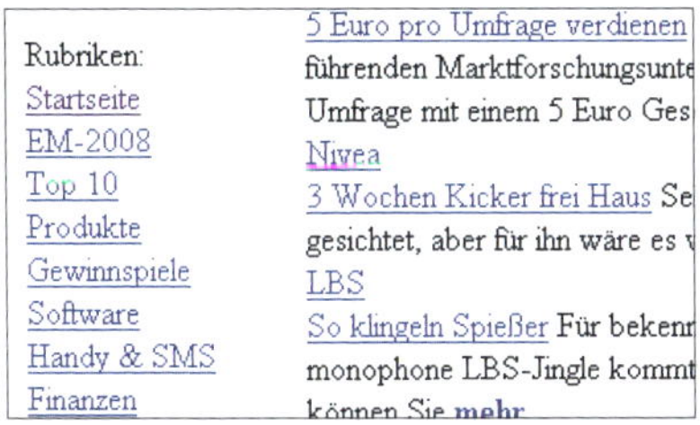

Die Seite wird also frei von allen ausgefeilten Gestaltungselementen ganz spartanisch, dafür aber auf jeden Fall gut lesbar angezeigt.

9 Wollen Sie wieder zur Normaldarstellung zurückkehren, wiederholen Sie die Klickfolge des vorigen Schritts, klicken aber in der Auswahl auf

.

Eine Seite im Vollbild ansehen

Die verschiedenen Bedienelemente des Firefox schränken die eigentliche Anzeigefläche logischerweise ein. Wie Sie im Kapitel 7 noch erfahren werden, können Sie durch das Ausblenden von Symbol- oder Statusleisten zwar bis zu einem bestimmten Grad selbst Platz schaffen. Wenn Sie aber nur mal eben möglichst viel von einer Seite sehen wollen, wären die entsprechenden Mausklicks eher lästig. Es geht aber einfacher:

Drücken Sie die Taste F11, schalten Sie den Firefox in den Vollbildmodus um. Dann sind keinerlei Bedienelemente mehr zu sehen, die Internetseite wird bildschirmfüllend angezeigt. Sobald Sie den Mauszeiger jedoch über den oberen Bildschirmrand hinaus bewegen, werden die Navigationsleiste und gegebenenfalls die Registerreiter wieder eingeblendet.

Dadurch können Sie auch andere Seiten ruck, zuck ansteuern. Führen Sie den Mauszeiger wieder nach unten, verschwinden auch die Steuerelemente wieder. Durch erneutes Drücken der Funktionstaste F11 verlassen Sie die Vollbildansicht wieder.

Seiten schneller laden

Internetseiten mit vielen Bildern sind zwar schön anzuschauen. Das gute Aussehen geht allerdings auf Kosten der Ladegeschwindigkeit. Wenn Sie nur über eine langsame Internetverbindung verfügen, kann es sinnvoll sein, auf Illustrationen zu verzichten, um damit den Lesekomfort zu erhöhen.

1 Wenn Sie sich beispielsweise beim Lesen von Wikipedia-Artikeln auf den Text konzentrieren wollen, können Sie auf die Anzeige von Bildern gut verzichten. Denn dadurch wird die Ladegeschwindigkeit der oft sehr umfangreichen Seiten erhöht. Rufen Sie also eine beliebige Wikipedia-Seite auf. Klicken Sie dann auf das kleine Symbol (dieses Symbol wird als „Favicon" bezeichnet) links von der Adresszeile

sowie anschließend auf die Schaltfläche

.

2 Im Fenster, das daraufhin erscheint, folgt ein Klick auf das Symbol .

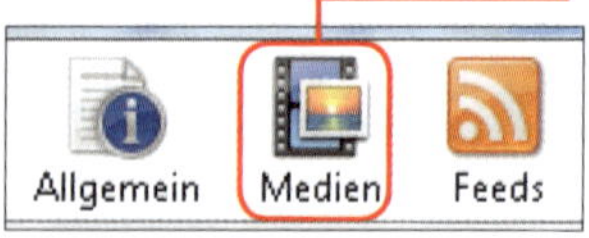

Nun werden alle Mediendateien aufgelistet, die sich auf dieser Seite befinden. Klicken Sie unterhalb dieser Auflistung in das Kästchen ,

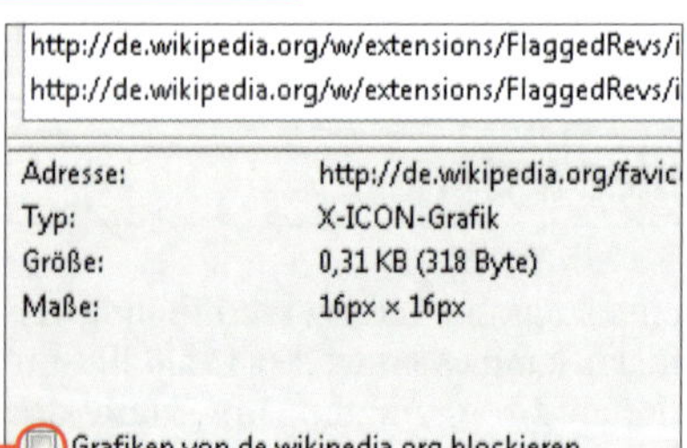

um einen Haken hineinzusetzen: .

Schließen Sie das Fenster wie üblich per Klick auf

.

3 Künftig werden alle Bilder auf den Wikipedia-Seiten blockiert. Auf der Seite über die Konstanzer Geschichte sind jetzt beispielsweise statt der Bilder nur noch Beschreibungstexte zu sehen: .

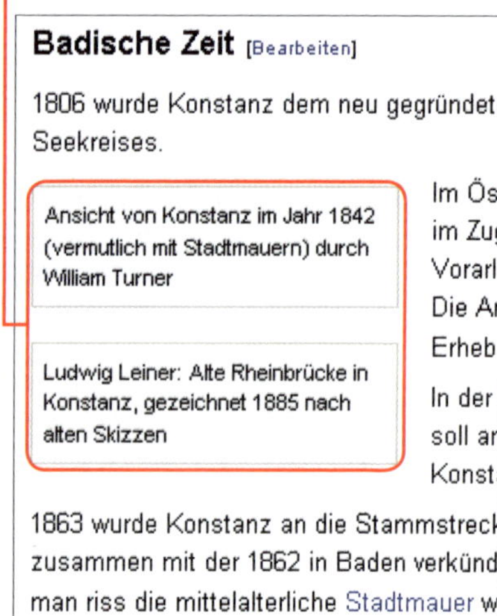

Um Bilder wieder anzeigen zu lassen, wiederholen Sie einfach die Schritte 1 und 2 dieser Anleitung. In dem Fall verschwindet aber nach dem entsprechenden Mausklick das Häkchen neben der Option „Grafiken blockieren".

Dateien aus dem Internet auf den PC überspielen

Im Internet finden Sie unzählige Dateien, die Sie auf Ihren Rechner überspielen dürfen. Das Angebot reicht von Steuerformularen, die es beim Internetauftritt Ihres Finanzamtes gibt, über Bilder und Musikclips bis hin zu kompletten **Programmen**. Als Beispiel für einen solchen **Download** wird im Folgenden geschildert, wie Sie sich mit dem Firefox das kostenlose E-Mail-Programm „Thunderbird" von den COMPUTER BILD-Seiten **herunterladen**.

1 Standardmäßig speichert der Firefox Dateien, die Sie herunterladen, auf Ihrem **Desktop**. Dies ist normalerweise allerdings nicht empfehlenswert, da Sie die Arbeitsoberfläche möglichst übersichtlich halten sollten. Rufen Sie daher durch Klicks auf

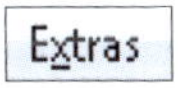

sowie

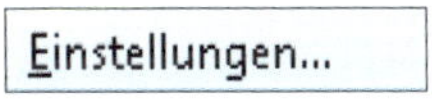

das Einstellungsmenü auf, und klicken Sie dort in der Navigationsspalte am linken Rand auf ●.

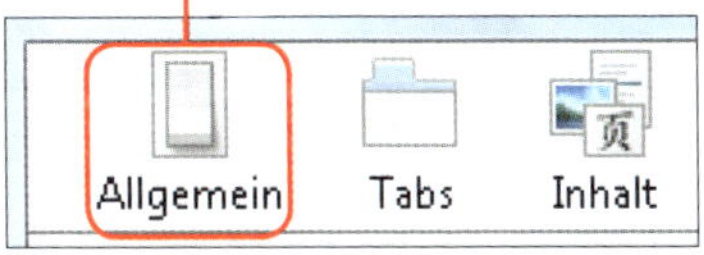

2 Jetzt können Sie alle Einstellungen, die das Herunterladen von Dateien betreffen, vornehmen. Lassen Sie den Haken im Kästchen ●

stehen. Dann ist der Download-Manager während des Überspielens sichtbar. Im Beispiel möchten Sie, dass Downloads generell im gleichnamigen Windows-Standardordner Ihres Benutzerkontos gespeichert werden. Behalten Sie daher den Punkt im Kreis ●

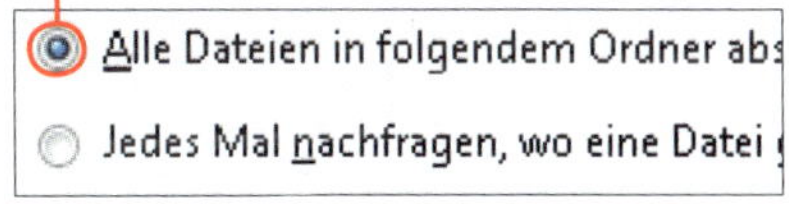

bei. Derzeit ist jedoch – wie rechts davon zu sehen – als Speicherort noch der Desktop eingestellt.

Um dies zu ändern, klicken Sie wiederum rechts daneben auf die Schaltfläche

.

3 Sie bekommen nun Zugriff auf die Ordnerstruktur Ihres Rechners. Klicken Sie als Erstes auf Ihren Benutzernamen, im Beispiel ●,

und anschließend auf ●.

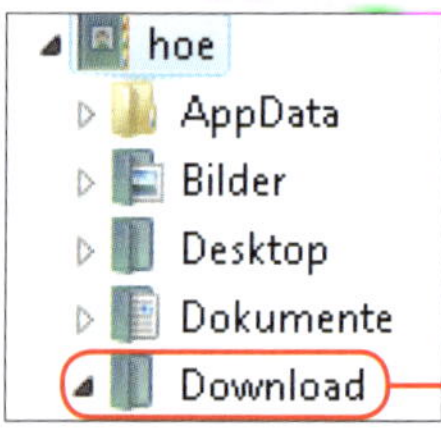

Zur Bestätigung reicht ein Klick auf ●.

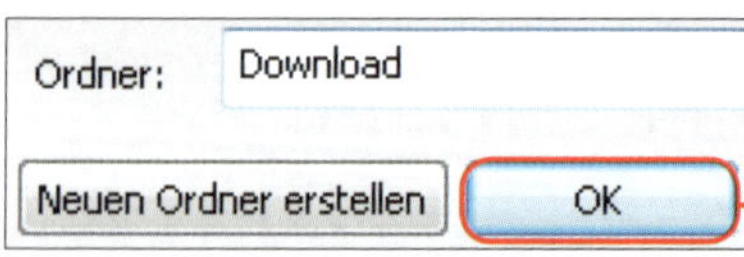

4 Im Einstellungsfenster taucht nun wunschgemäß der soeben festgelegte Ordner auf: ●. Sie können daher auf ●

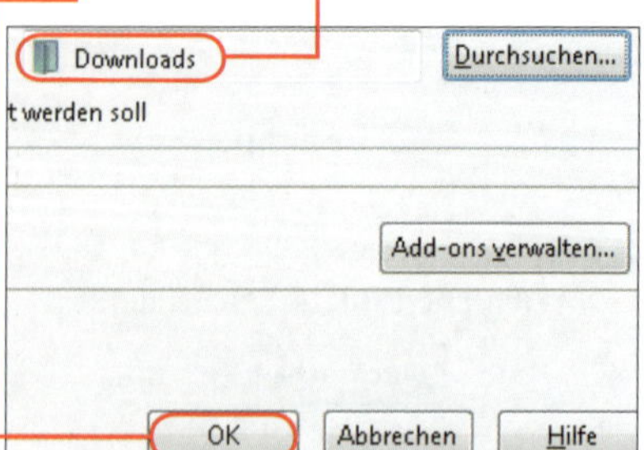

klicken, um das Fenster zu schließen.

Virengefahr bei Dateien aus dem Internet

Achten Sie stets darauf, dass Sie Dateien aus dem Internet nur dann auf Ihren Rechner überspielen, wenn die Quelle absolut vertrauenswürdig ist. Zwar veranlasst der Firefox normalerweise während des Überspielens eine Prüfung durch Ihr Virenschutzprogramm. Das darf Sie aber keinesfalls zu leichtsinnigen Aktionen verführen! Zu groß ist sonst das Risiko, dass Sie sich ein Schädlingsprogramm einfangen. Dieser Sicherheitshinweis gilt natürlich in mindestens ebenso hohem Maße für Dateien, die Sie per E-Mail zugeschickt bekommen. Ist Ihnen der Absender unbekannt, gilt ganz strikt: den Dateianhang keinesfalls öffnen und die E-Mail löschen!

5 Rufen Sie als Nächstes den Internetauftritt von COMPUTER BILD auf. Suchen Sie dort nach dem Programm Thunderbird, so wie Sie im ersten Kapitel den Firefox gesucht haben. Anschließend klicken Sie auf

und im nachfolgenden Dialogfenster auf die Schaltfläche ●.

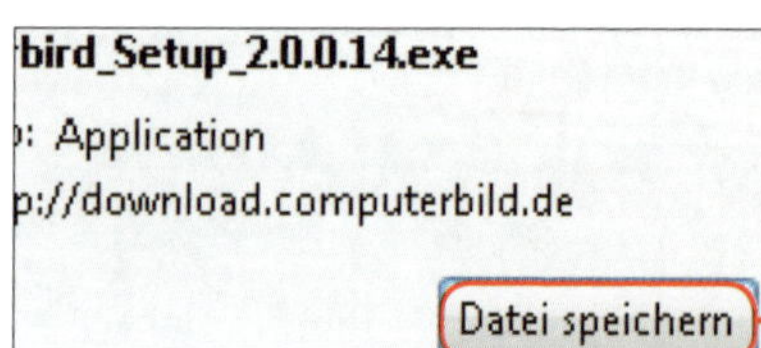

6 Da Sie in Schritt 2 dieser Anleitung die entsprechende Einstellung beibehalten haben, erscheint nun der sogenannte Download-Manager auf Ihrem Bildschirm. Darin können Sie den Fortschritt der Dateiübertragung mitverfolgen.

Ist die Datei komplett überspielt, wird rechts unten auf dem Bildschirm für einige Sekunden eine Erfolgsmeldung eingeblendet.

7 Per Doppelklick auf den Thunderbird-Eintrag im Download-Manager könnten Sie gleich mit der **Installation** beginnen. Dazu bräuchten Sie nur auf zu klicken.

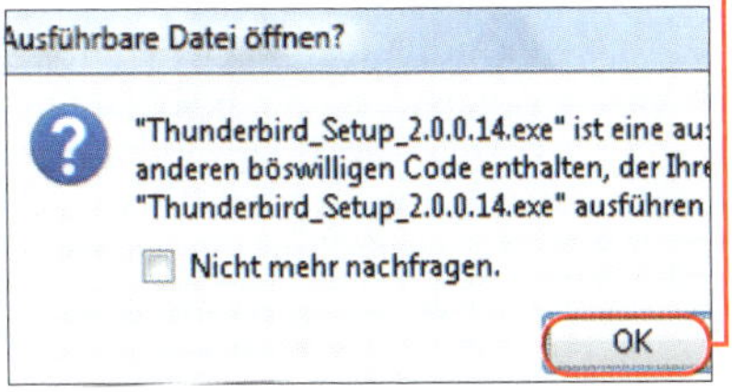

Um den Download-Manager zu schließen, klicken Sie auf

.

Speicherort frei wählen

Wenn Sie wie in der nebenstehenden Anleitung verfahren, werden alle Dateien, die Sie aus dem Internet überspielen, ausnahmslos in dem von Ihnen festgelegten Standardordner (im Beispiel der Download-Ordner) gespeichert. Die Dateien können Sie dann natürlich jederzeit in einen anderen Ordner verschieben. Falls Sie lieber sofort alles richtig zuordnen, setzen Sie in Schritt 2 per Mausklick einen Haken in den Kreis

und klicken gleich zur Bestätigung auf

.

Einen Standardordner brauchen Sie dann ja nicht auszuwählen.
Sobald Sie künftig einen Download vornehmen wollen, erscheint ein **Explorer**-Fenster, in dem Sie einen beliebigen Ordner auswählen können,

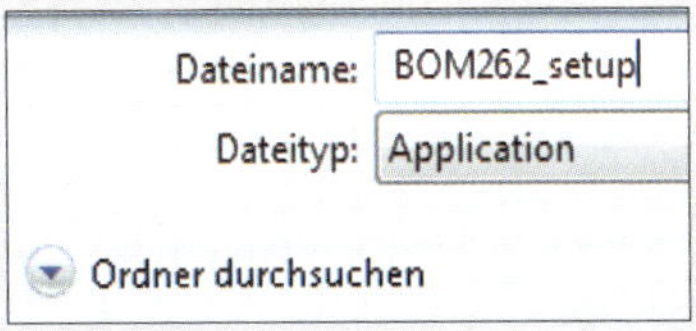

also beispielsweise den Bilderordner oder den Musikordner, je nachdem, um welche Art von Datei es sich handelt. Haben Sie Ihre Wahl getroffen, genügt ein Klick auf

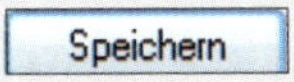
,

um mit der Übertragung zu beginnen.

Den Download-Manager nutzen

Der Firefox merkt sich, welche Dateien Sie heruntergeladen haben. Aus dem Download-Manager heraus können Sie auf die überspielten Dateien zugreifen. Das ist vor allem dann praktisch, wenn Sie heruntergeladene Dateien nicht in einem Standardordner speichern, sondern Ihre Entscheidung von Fall zu Fall treffen, wie im Kasten auf der vorigen Seite beschrieben. Sollten Sie dann nämlich einmal nicht mehr genau wissen, wo Sie eine Datei gespeichert haben, hilft Ihnen der Manager weiter.

1 Sie rufen den Download-Manager auf, indem Sie auf

und anschließend auf

klicken. Alternativ können Sie auch die Tastenkombination [Strg] und [J] verwenden.

2 Im Download-Manager sind alle Dateien, die Sie mit dem Firefox überspielt haben, aufgelistet – und zwar unabhängig davon, in welchem Ordner Sie diese gespeichert haben. Über die Bildlaufleiste ● können Sie sich durch die Auflistung bewegen.

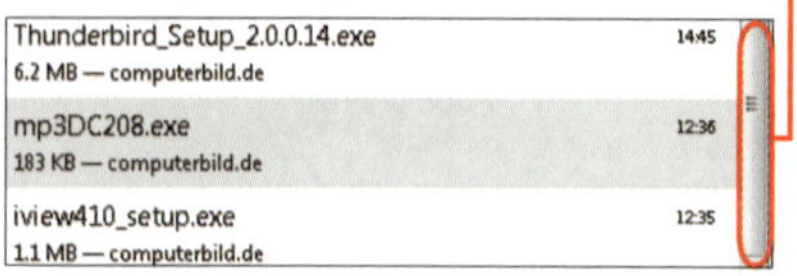

Bei sehr vielen Dateien hilft Ihnen unten auf der Seite das Suchfeld ●

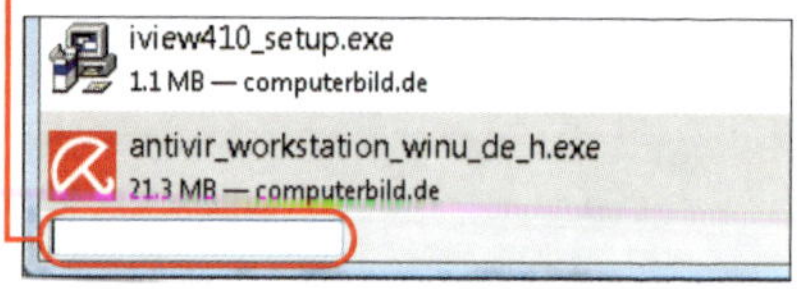

weiter. Noch während Sie die ersten Buchstaben eines Begriffs eintippen, hier ●,

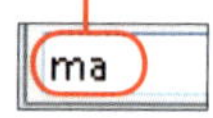

bekommen Sie passende Dateien angezeigt. Bei der Suche wird nicht nur der Dateiname berücksichtigt, sondern auch die Internetadresse, von der Sie die Datei heruntergeladen haben, im Beispiel ●.

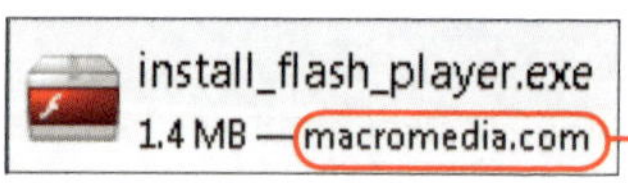

3 Den Download-Manager können Sie auch für Aufräumarbeiten benutzen. Damit beispielsweise die Installationsdatei des kostenlosen Bildbearbeitungsprogramms „IrfanView" vom Download-Ordner in Ihren Ordner „Bilder" verschoben wird, gehen Sie so vor: Klicken Sie im Download-Manager mit der rechten (!) Maustaste auf den betreffenden Eintrag

und im Kontextmenü, das sich daraufhin öffnet, auf ●.

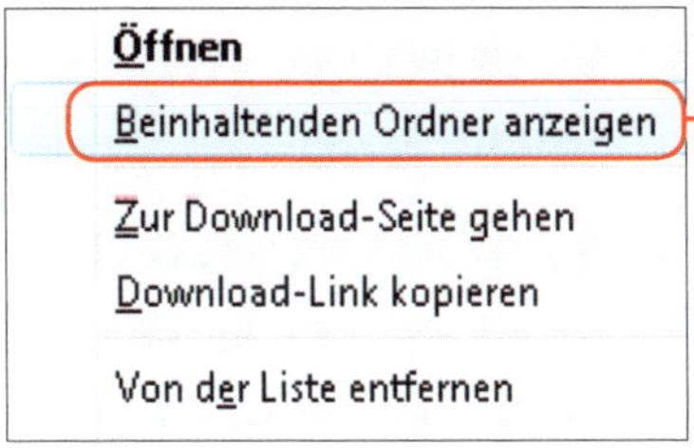

4 Anschließend wird der Ordner angezeigt, in dem die Datei beim Überspielen aus dem Internet auf Ihrem Rechner gespeichert wurde.

Im Beispielfall können Sie die Datei jetzt mit gedrückt gehaltener Maustaste in den Ordner ● „ziehen".

5 Von Zeit zu Zeit sollten Sie nicht mehr benötigte Einträge aus dem Download-Manager entfernen, damit Sie nicht die Übersicht verlieren. Den Verweis zur Installationsdatei des Programms IrfanView benötigen Sie beispielsweise nicht mehr. Klicken Sie daher im Download-Manager mit der rechten (!) Maustaste auf

und danach auf den Eintrag ●. Per Klick auf ●

könnten Sie sogar alle Einträge auf einen Schlag entfernen. Die Dateien selbst bleiben natürlich auf Ihrem Rechner. Lediglich die Verweise verschwinden aus dem Download-Manager.

Die Download-Seite aufrufen

Klicken Sie einen Eintrag im Download-Manager mit der rechten (!) Maustaste an, öffnet sich ein Kontextmenü. Wenn Sie darin auf

klicken, gelangen Sie zu der Seite, von der Sie die Datei überspielt haben. Das kann recht praktisch sein, wenn Sie sich dort beispielsweise noch nach einer Anleitung umsehen möchten oder noch andere Dateien überspielen wollen.

Verweise zu Internetseiten verschicken

Bei Ihren Internetausflügen werden Sie sicher immer mal wieder auf Seiten stoßen, auf die Sie Freunde oder Bekannte per E-Mail aufmerksam machen möchten. Die entsprechenden Adressen brauchen Sie dabei keinesfalls per Hand in den Nachrichtentext einzutippen.

1 Befinden Sie sich gerade auf der Seite, auf die Sie jemanden aufmerksam machen möchten, klicken Sie einfach mit der rechten (!) Maustaste in die Adresszeile

und im aufklappenden Kontextmenü auf den Eintrag.

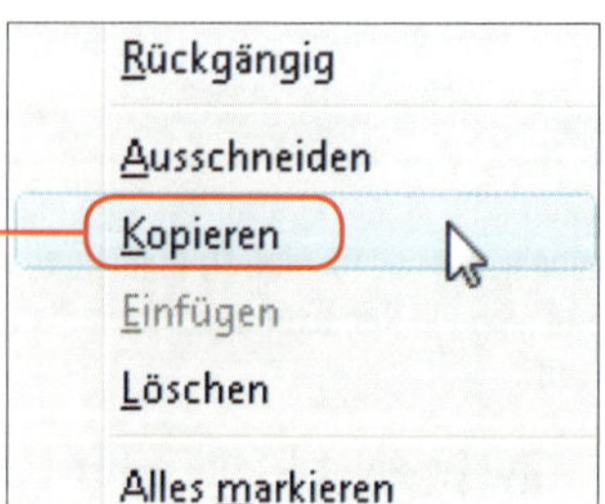

Die Adresse wird dadurch in die **Zwischenablage** übernommen.

2 Schreiben Sie jetzt einfach die E-Mail an Ihren Bekannten, und setzen Sie die Einfügemarke dann dorthin, wo die Adresse eingefügt werden soll: .

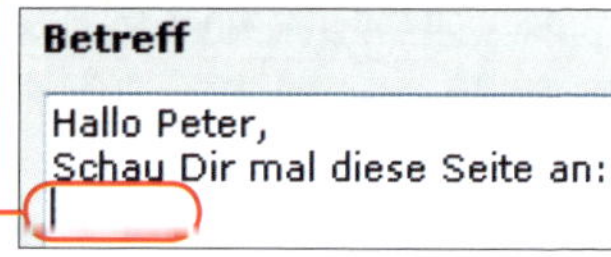

Drücken Sie nun die Tastenkombination [Strg] und [V]. Die Adresse wird daraufhin aus der Zwischenablage eingefügt: .

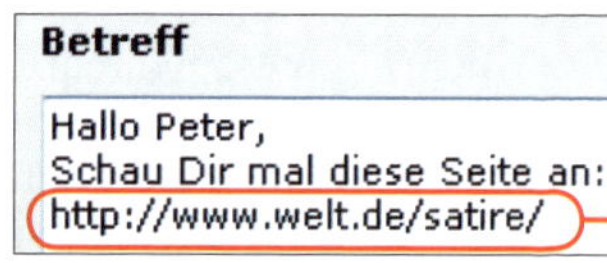

Anschließend können Sie die E-Mail ganz normal zu Ende schreiben und verschicken.

3 Auf ähnliche Weise können Sie einen Link verschicken. Falls Sie beispielsweise auf der Astro-Link-Seite den Verweis zur ESA weitergeben möchten, brauchen Sie die entsprechende Seite gar nicht aufzurufen. Klicken Sie stattdessen mit der rechten (!) Maustaste auf den Link

und im dann geöffneten Kontextmenü auf den Eintrag ●.

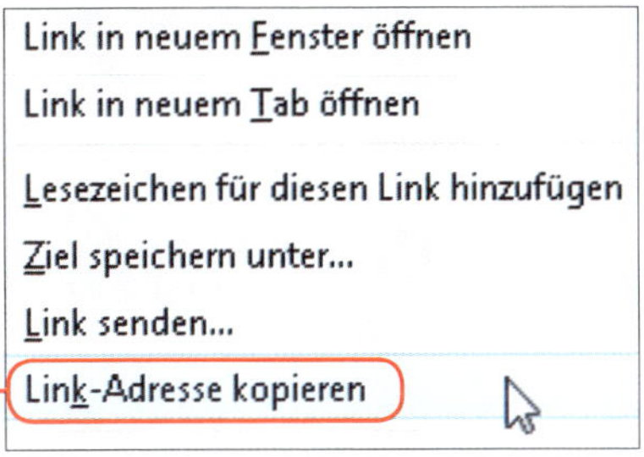

Daraufhin wird die Link-Adresse in die Zwischenablage übernommen, und Sie können verfahren wie in Schritt 2. Klicken Sie im Kontextmenü auf

,

wird sogar gleich Ihr Standard-E-Mail-Programm gestartet. Normalerweise wird darin auch direkt eine neue Nachricht angelegt, die bereits den Verweis enthält.

4 Wollen Sie jemanden auf eine Datei aufmerksam machen, die Sie mit dem Firefox auf Ihren Rechner überspielt haben, gehen Sie wie folgt vor: Öffnen Sie den Download-Manager, und klicken Sie mit der rechten (!) Maustaste auf den betreffenden Eintrag, etwa ●,

sowie im dann aufklappenden Kontextmenü auf ●.

Die Adresse befindet sich nun in der Zwischenablage, und Sie können wieder fortfahren wie in Schritt 2.

Markieren mit der Tastatur

Auf einer Internetseite lässt sich die Einfügemarke normalerweise nicht platzieren. Das ist recht ärgerlich, wenn Sie Text von der Seite **markieren** und dann kopieren möchten. Zwar können Sie Textstellen mithilfe der Maus markieren. Vor allem bei längeren Passagen kommt die Seite beim versuchten Markieren aber schnell ins Rollen, und Sie müssen immer wieder neu ansetzen. Kurz, es erfordert oft sehr viel Geduld. Mit dem Firefox ist das alles aber kein Problem.

Markieren mit der Tastatur

1 Drücken Sie auf die Funktionstaste F7. Bestätigen Sie dann die Nachfrage, ob Sie das „Caret Browsing“, wie diese Funktion beim Firefox genannt wird, verwenden wollen, mit einem Mausklick auf die Schaltfläche ●.

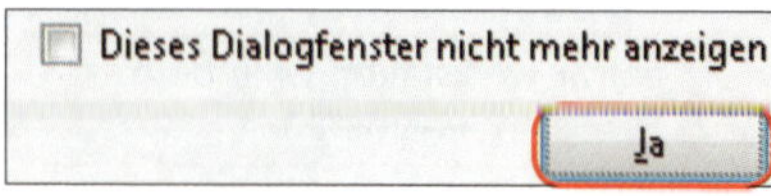

2 Klicken Sie jetzt an den Anfang des Abschnittes, den Sie kopieren möchten. Die Einfügemarke wird dank Caret Browsing sofort sichtbar: ●.

3 Drücken Sie als Nächstes die ⇧-Taste, und klicken Sie dann ans Ende des Abschnittes, den Sie kopieren möchten. Schon ist der Abschnitt markiert: ●.

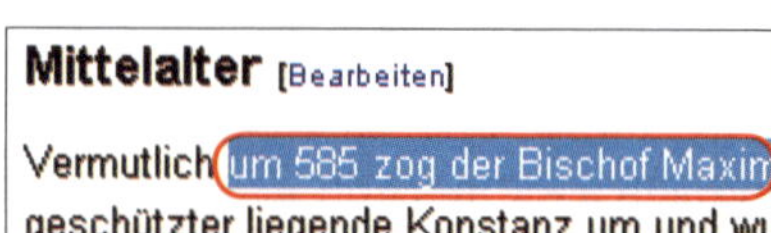

Das Ganze funktioniert natürlich auch bei weit größeren Abschnitten als in der Beispielabbildung.

4 Mit der Tastenkombination Strg und C können Sie den markierten Text nun ganz normal in die Zwischenablage übernehmen und in einer beliebigen anderen Anwendung, etwa Word, oder in einer E-Mail einfügen.

5 Um die Einfügemarke zu positionieren, brauchen Sie nicht zwingend die Maus. Sie können sie auch mit den Pfeiltasten ↑, ↓, →, ← über die Seite bewegen. Selbst wenn Sie einem Link folgen wollen, brauchen Sie beim Caret Browsing nicht zur Maus zu greifen. Befindet sich die Einfügemarke auf einem Link, hier ●,

drücken Sie einfach die ↵-Taste, um dem Verweis zu folgen. Soll die neue Seite in einem Register geöffnet werden, verwenden Sie die Tastenkombination Strg und ↵. Durch erneutes Drücken der Taste F7 können Sie das Caret Browsing übrigens auch wieder ausschalten.

! Nicht zusammenhängende Textstellen markieren

Auch ohne aktiviertes Caret Browsing können Sie natürlich Textstellen mithilfe der Maus markieren. Und wenn Sie dabei die Strg-Taste gedrückt halten, können Sie sogar mehrere Stellen, die nicht zusammenhängen, gleichzeitig markieren: ●.

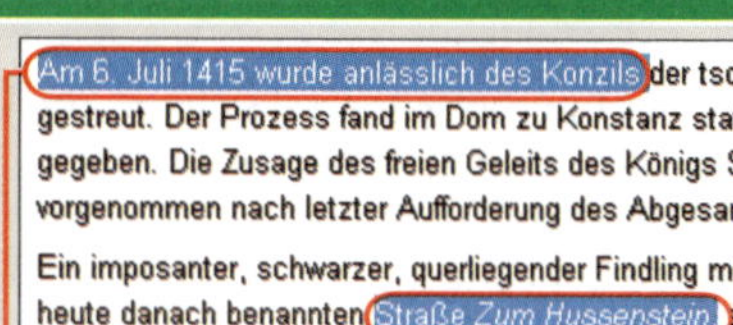

4 Informationen suchen und finden

Das Internet ist ein gigantischer Wissensspeicher. Um diesen Speicher jedoch sinnvoll anzapfen zu können, benötigen Sie geeignete Helfer, die sogenannten **Suchmaschinen**. Das sind spezielle Internetauftritte, die das Internet sozusagen „sortieren". Wenn Sie Internetseiten zu einem bestimmten Thema suchen, sind diese Suchmaschinen unverzichtbar. Da kaum ein Internetausflug vergeht, ohne dass Sie eine Suche durchführen müssen, ist in den Firefox eine praktische Funktion integriert. Mithilfe des Suchfelds können Sie Anfragen starten, ohne die Suchmaschinenseite selbst aufrufen zu müssen. Aber nicht nur Suchmaschinen können Sie über das Suchfeld abfragen. Auch etliche **Datenbanken** oder Lexika lassen sich mithilfe des Suchfelds durchforsten. Für besonders häufig benötigte Suchhelfer können Sie sogar Schlüsselwörter definieren. Damit gehen Suchanfragen noch schneller.

Im vierten Kapitel dieses Buches erfahren Sie,
- wie Sie das Suchfeld verwenden,
- wie Sie Datenbanken, Lexika oder Suchmaschinen ins Suchfeld einbauen,
- wie Sie, ohne einen einzigen Buchstaben einzutippen, selbst komplizierte Wörter nachschlagen können,
- wie Sie Suchanfragen direkt in der Adresszeile formulieren
- und wie Sie selbst in langen Texten gesuchte Begriffe in Nullkommanichts finden.

Kapitel-Wegweiser

Blitzschnell einfache Google-Suche durchführen

Wenn Sie die ursprüngliche Startseite des Firefox

beibehalten haben, können Sie sofort nach dem Programmstart eine Suchanfrage bei Google durchführen. Dabei ist es auch direkt möglich, beispielsweise nach Bildern oder in Nachrichten zu suchen. Aber selbst wenn Sie während eines Internetausflugs andere Internetseiten ansehen, können Sie auf die Google-Suche zugreifen, ohne zu dieser Startseite zurückkehren oder die Adresse **www.google.de** aufrufen zu müssen. Der Firefox enthält nämlich ein spezielles Suchfeld. Unabhängig davon, welche Seite Sie sich gerade anschauen, können Sie darin Suchaufträge erteilen - und zwar, wie Sie im Lauf des Kapitels noch sehen werden, nicht nur an die Google-Suchmaschine. Auch andere Suchhelfer können Sie direkt aus dem Programmfenster heraus in Anspruch nehmen, ohne die betreffende Seite aufrufen zu müssen. Aber zunächst eine Google-Suche.

1 Klicken Sie einfach in das Suchfeld rechts oben im Programmfenster, und tippen Sie Ihren Suchbegriff ein, im Beispiel ●. Achten Sie darauf, dass links neben dem Eingabefeld das Google-Symbol ●

zu sehen ist. Sollte das nicht der Fall sein, lesen Sie im nächsten Tipp, wie Sie die entsprechende Einstellung vornehmen können.

2 Drücken Sie anschließend auf [↵] beziehungsweise [Alt] und [↵], falls das Suchergebnis in einem neuen Register angezeigt werden soll. Daraufhin werden Ihnen die Ergebnisse der Google-Suche angezeigt.

Diese Suchvariante entspricht dem Vorgehen: Google-Seite aufrufen, Suchbegriff eintippen und dann auf ● klicken.

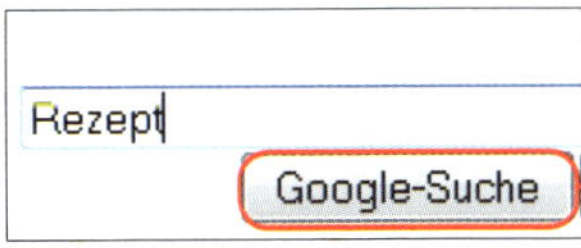

3 Für die „Mausfaulen“ gibt es selbstverständlich auch eine passende **Tastenkombination**: Drücken Sie die Tasten Strg und K, erscheint die **Einfügemarke** im Suchfeld: ●.

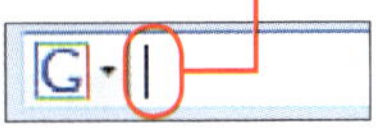

Selbst wenn sich darin noch ein früherer Suchbegriff befinden sollte, können Sie gleich lostippen. Denn der Eintrag wird nach Betätigen der Tastenkombination markiert

und kann daher einfach überschrieben werden.

Suchvorschläge verwenden

Bereits während des Eintippens werden Ihnen Suchvorschläge unterbreitet. Ganz oben befinden sich dabei Begriffe, nach denen Sie schon einmal gesucht haben, im Beispiel ●.

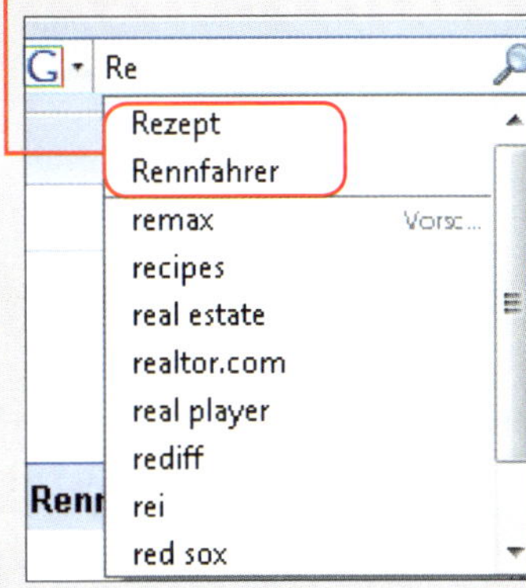

Mithilfe der Richtungstaste ↓ können Sie gegebenenfalls einen der Vorschläge markieren und durch Drücken der ↵-Taste danach suchen lassen.

Weitere Suchhelfer verwenden

In das Suchfeld des Firefox können Sie neben der Suchmaschine Google noch weitere nützliche Suchhilfen integrieren. Deren Internetseiten brauchen Sie dann gar nicht erst aufzurufen.

1 Wenn Sie nun auf die kleine Grafik ● am linken Rand des Suchfeldes klicken, öffnet sich eine Liste dieser Suchmaschinen.

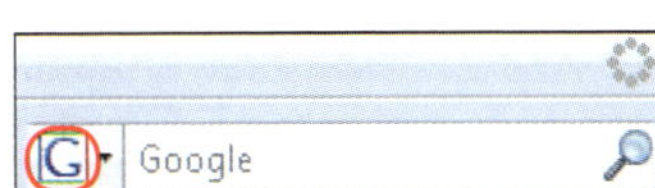

Per Mausklick können Sie einen der aufgelisteten Helfer auswählen, beispielsweise ●.

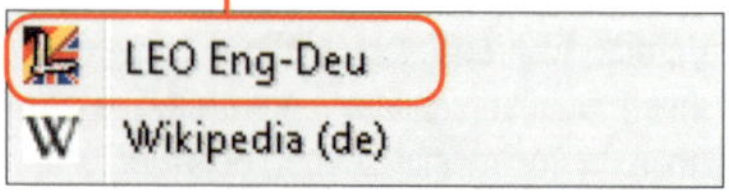

2 Neben dem Suchfeld ist jetzt nicht mehr das Google-Symbol, sondern das des **Online**-Wörterbuchs Leo zu sehen: ●.

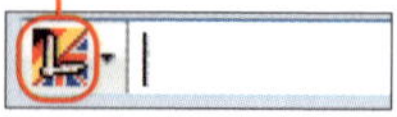

Das Suchfeld selbst können Sie genauso nutzen wie vorher. Der einzige Unterschied besteht darin, dass jetzt nicht die Suchmaschine Google abgefragt wird, sondern das Leo-Wörterbuch. Tippen Sie also beispielsweise den Begriff ●

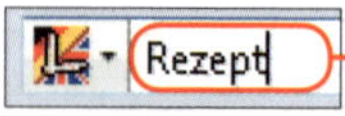

ein, und drücken Sie dann auf die ↵-Taste. Umgehend bekommen Sie eine Leo-Seite mit Übersetzungen zu diesem Wort präsentiert.

3 Analog dazu können Sie auch die anderen Suchhelfer verwenden. Klicken Sie in der Liste der Suchhelfer auf

, wählen Sie die Yahoo-Suchmaschine aus. Über

können Sie im Angebot des Online-Buchhändlers Amazon stöbern. Und nach einem Klick auf den Eintrag

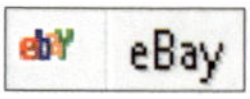

können Sie über das Suchfeld die Auktionen bei Ebay durchsuchen.

Ein besonderes Schmankerl stellt die Wikipedia-Suche dar. Dabei handelt es sich um eine riesige Online-Enzyklopädie, die von Freiwilligen erstellt wird.

Mehr über dieses tolle Projekt erfahren Sie auf der Internetseite **www.wikipedia.de**.

5 Die Auswahl der Suchhelfer funktioniert auch ohne Maus, nur mit der Tastatur. So gehen Sie vor, wenn Sie beispielsweise bei Amazon und anschließend bei Ebay nach COMPUTER BILD-Büchern suchen wollen: Drücken Sie zunächst die Tastenkombination Strg und K, um die Einfügemarke ins Suchfeld zu setzen. Als Suchhelfer ist derzeit, wie Sie

in der Beispielabbildung am Symbol

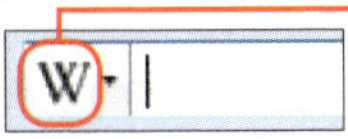

sehen, das Wikipedia-Lexikon eingestellt. Um dies zu ändern, brauchen Sie aber nicht zur Maus zu greifen. Sie können nämlich ganz einfach durch die Suchhelfer blättern. Halten Sie die [Strg]-Taste gedrückt, und drücken Sie dann so oft auf die [↑]- beziehungsweise [↓]-Taste, bis das Amazon-Symbol im Suchfeld erscheint: .

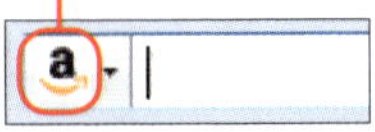

6 Tippen Sie jetzt den Suchbegriff ein, im Beispiel ,

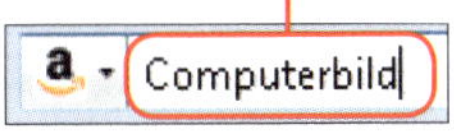

und drücken Sie anschließend auf die [↵]-Taste. Schon wird das entsprechende Amazon-Angebot eingeblendet.

7 Und gleich geht's weiter zu Ebay. Drücken Sie erneut [Strg] und [K], um das Suchfeld anzusteuern. Da das Suchfeld noch Ihren soeben verwendeten Suchbegriff enthält, wird dieser nun markiert.

Sie müssen aber nur auf [←] oder [→] drücken, damit die **Markierung** entfernt wird.

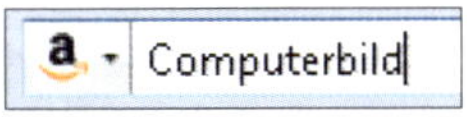

8 Mit [Strg] und den Tasten [↑] oder [↓] können Sie nun ein weiteres Mal durch die Liste der Suchhelfer blättern, bis das Ebay-Symbol sichtbar wird: .

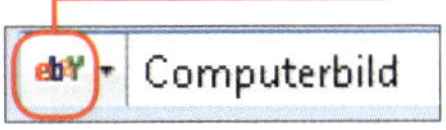

Den Suchbegriff brauchen Sie nicht erneut einzugeben. Sie können also gleich auf [↵] drücken. Schon wird das Ergebnis Ihrer Auktionssuche angezeigt.

Suchen ohne Tipparbeit

Stellen Sie sich vor, Sie lesen auf einer Internetseite gerade einen medizinischen Fachartikel. Zwangsläufig werden Ihnen dabei Fachbegriffe begegnen, die Sie nachschlagen müssen, zum Beispiel im Online-Lexikon Wikipedia. Das geht ganz ohne Tipparbeit.

1 Stellen Sie zunächst im Suchfeld das Wikipedia-Lexikon ein, wie es Ihnen im vorigen Abschnitt gezeigt wurde.

2 Sollten Sie jetzt beim Lesen des Artikels auf einen unbekannten Begriff stoßen, den Sie nachschlagen möchten, etwa ●,

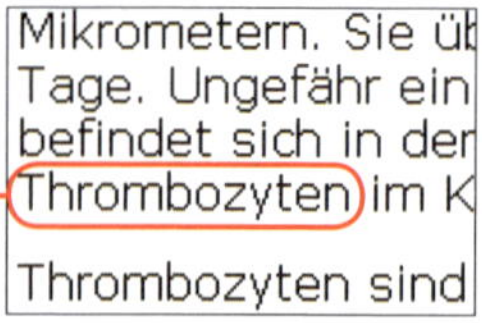

brauchen Sie diesen nicht mühsam eintippen. Stattdessen gehen Sie so vor: Markieren Sie den Ausdruck ●.

3 Klicken Sie dann in die Markierung, halten Sie die Maustaste gedrückt, und **ziehen** Sie das Wort bei weiterhin gedrückter Maustaste in das Suchfeld: ●.

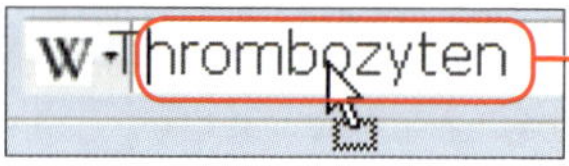

Sobald Sie die Maustaste loslassen, wird der Suchbegriff automatisch eingetragen.

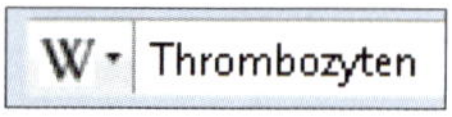

Zudem bekommen Sie gleich den passenden Artikel angezeigt.

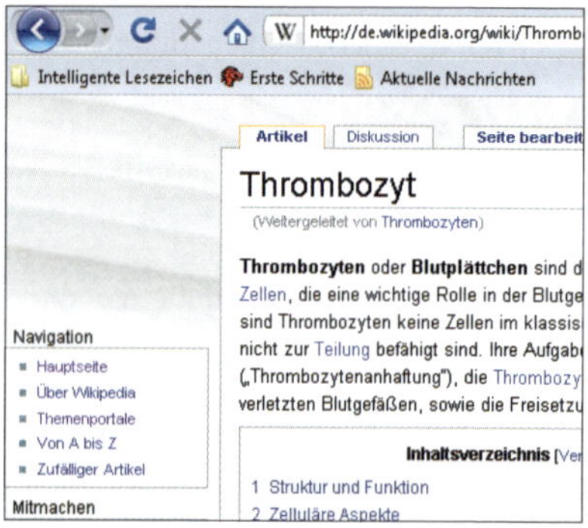

4 Es gibt noch eine weitere Möglichkeit, sich direkt auf einer Internetseite bei der Suche nach einem Begriff vom Firefox helfen zu lassen. Markieren Sie den (oder die) Begriff(e), nach dem Sie suchen ●,

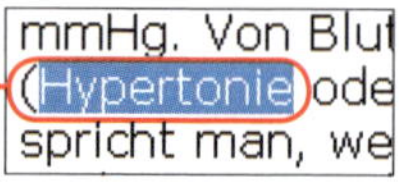

und klicken Sie dann mit der rechten (!) Maustaste in die Markierung und im aufklappenden Kontextmenü auf .

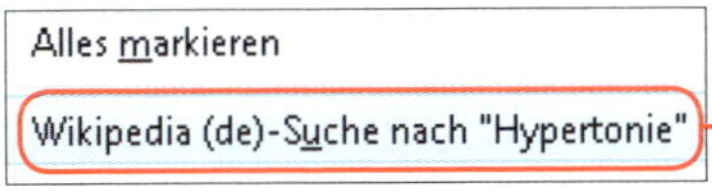

Bei dieser Variante wird die Trefferseite in einem neuen Register angezeigt: .

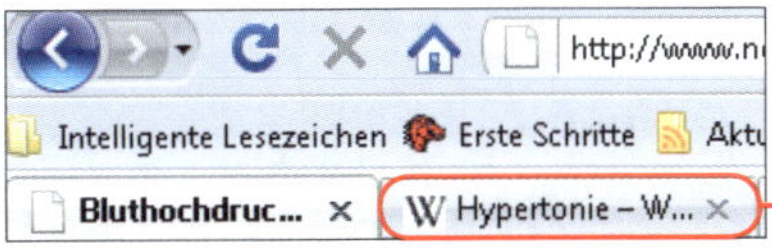

Aus Word heraus im Internet recherchieren

Die Methode, einen Suchbegriff in das Suchfeld des Firefox zu ziehen, funktioniert meist auch über Programmgrenzen hinweg, wie das folgende Beispiel zeigt.

1 Angenommen, Sie arbeiten gerade an einem Word-Dokument, in dem Sie Begriffe rund um Computer und Internet erklären. Hin und wieder möchten Sie eine Definition bei Wikipedia nachschlagen. Nichts einfacher als das. Wählen Sie zunächst im Suchfeld des Firefox Wikipedia als Suchhelfer aus.

2 Danach holen Sie Ihr Word-Dokument in den Bildschirmvordergrund. Stoßen Sie bei der Arbeit an Ihrem Text auf einen Begriff, den Sie nachschlagen wollen, markieren Sie ihn, im Beispiel .

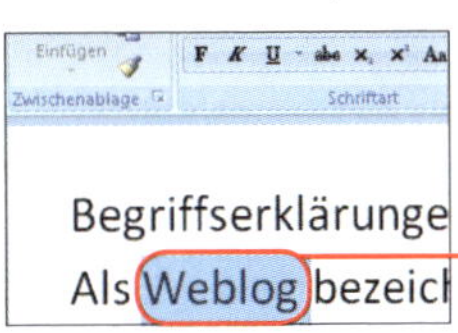

3 Drücken Sie jetzt die [Strg]-Taste, und halten Sie sie während des folgenden Ziehvorgangs auch gedrückt. Klicken Sie mit der Maus in die Markierung, und führen Sie den veränderten Mauszeiger

mit gedrückt gehaltener Maustaste über den **Taskleisten**-Eintrag des Firefox: .

4 Daraufhin wird das Firefox-Programmfenster automatisch in den Bildschirmvordergrund geholt. Nun brauchen Sie nur noch das Suchfeld anzusteuern. Dort können Sie dann Maus- und [Strg]-Taste loslassen. Der Suchausdruck wird eingefügt

– und sofort erscheint die Ergebnisseite.

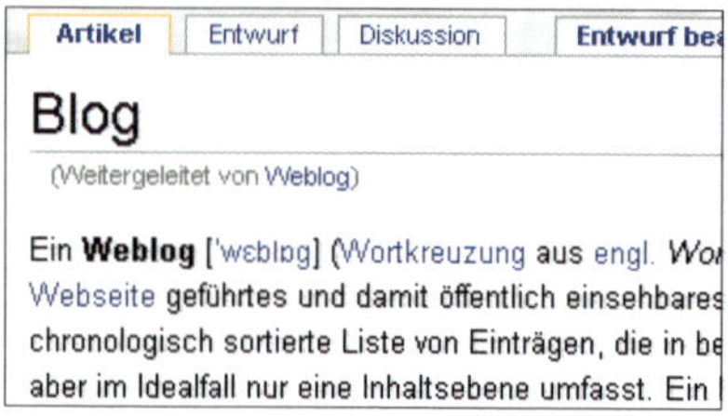

5 Wenn Sie mehrere Recherchen aus dem Word-Fenster heraus durchführen wollen, bietet es sich an, die beiden Programmfenster nebeneinander zu platzieren.

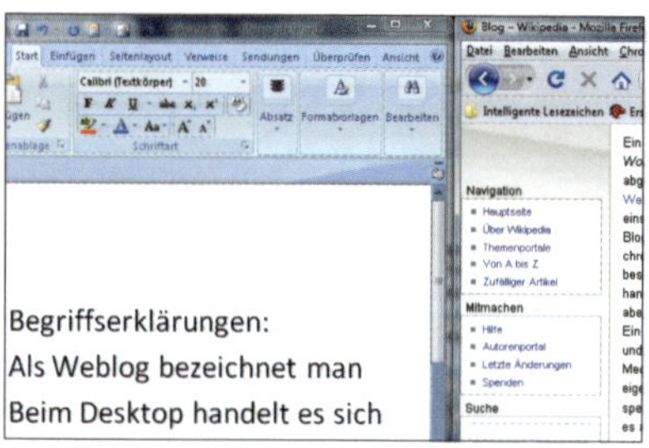

Sie ersparen sich dann den „Maus-Schlenker" über die Taskleiste und können das Suchfeld direkt ansteuern.

6 Wichtig: Beim Ziehen des Suchbegriffs über die Programmgrenzen hinweg müssen Sie die Strg-Taste unbedingt gedrückt halten! Andernfalls wird der Suchbegriff nämlich verschoben und nicht kopiert. Das bedeutet konkret, dass zwar die Suche erfolgreich wäre, der Text aber aus dem Ursprungsdokument verschwinden würde. Sollte Ihnen dieses Malheur doch einmal passieren, können Sie den Verschiebe-Vorgang natürlich rückgängig machen, in dem Sie im Word-Dokumentenfenster in der Symbolleiste auf

klicken. Damit machen Sie Ihre letzte Aktion, im Beispiel also das versehentliche Verschieben, rückgängig.

Weitere Helfer ins Suchfeld einbinden

Eine Recherche mithilfe des Suchfeldes funktioniert mit etwas Übung ruck, zuck! Und das Beste ist, dass Sie noch nicht einmal auf die bisher vorgestellten Suchhelfer beschränkt sind. Sie können problemlos noch weitere Datenbanken und Suchmaschinen einbinden.

1 Um die Liste der bereits vorhandenen Suchfunktionen zu öffnen, klicken Sie als Erstes auf das Symbol ●.

Ganz unten in der aufgeklappten Liste folgt dann ein Mausklick auf ●.

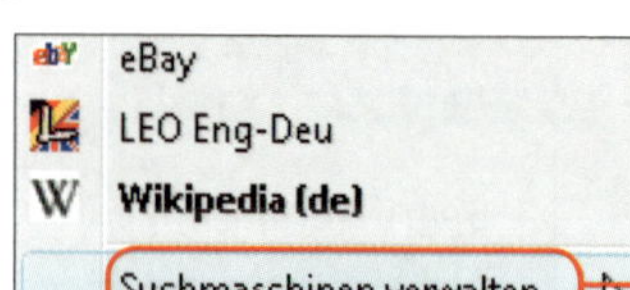

2 Daraufhin erscheint ein Verwaltungsfenster, über das Sie später noch mehr erfahren. Klicken Sie jetzt erst mal auf den Eintrag ●.

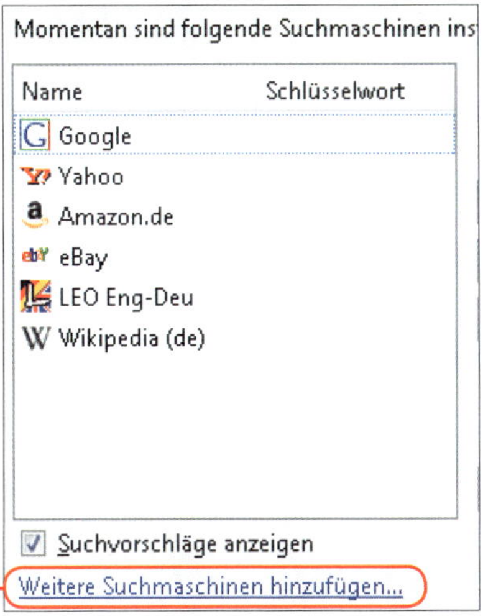

Auf der nachfolgenden Internetseite werden verschiedenste Suchhilfen präsentiert.

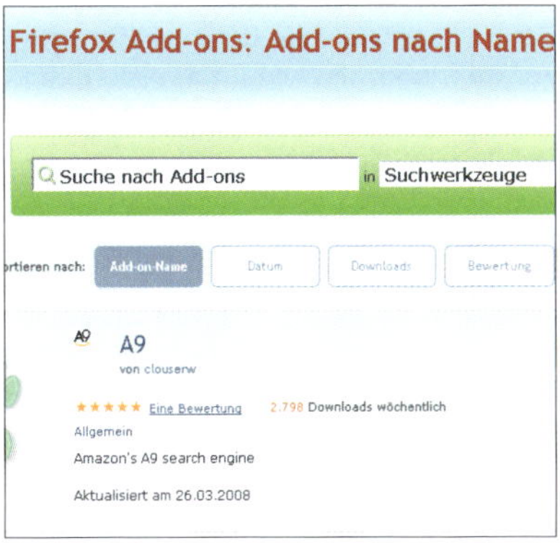

3 Wollen Sie beispielsweise die „Internet Movie Database", kurz IMDB, eine gigantische (englischsprachige) Filmdatenbank einbinden, klicken Sie neben dem entsprechenden Eintrag

auf die Schaltfläche

Danach brauchen Sie zur Bestätigung nur noch auf ●

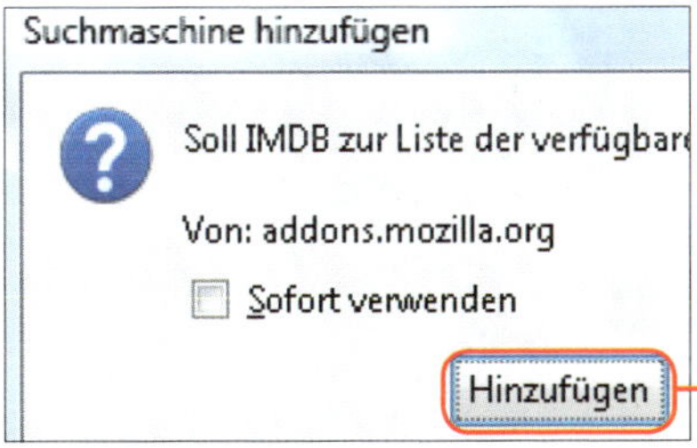

zu klicken, um den neuen Suchhelfer künftig verwenden zu können.

4 Und das geht so: Klicken Sie einfach auf das Dreieck ●

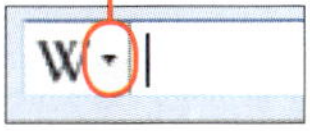

und dann auf den neuen Eintrag ●

Tippen Sie anschließend einen Suchbegriff ein, etwa ●,

und drücken Sie zur Bestätigung die ↵-Taste. Schon werden Ihnen passende Filmtitel angezeigt.

5 Mitunter klappt das Einbinden eines weiteren Suchhelfers noch einfacher. Rufen Sie zur Veranschaulichung den Internetauftritt von COMPUTER BILD auf

Einen neuen Suchhelfer gleich auswählen

Falls Sie im Dialogfenster von Schritt 3 der nebenstehenden Anleitung per Mausklick einen Haken in das Kästchen ● setzen, bevor Sie auf ●

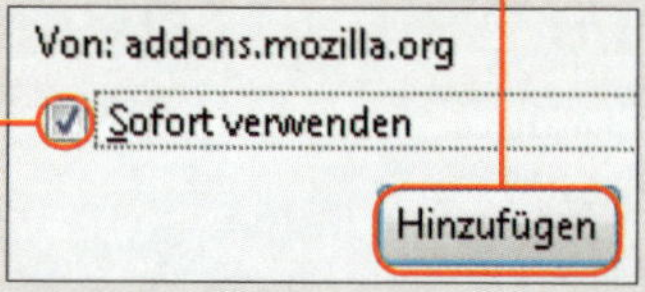

klicken, wird der betreffende Suchhelfer auch sofort ausgewählt.

(**www.computerbild.de**). Das kleine Pfeilsymbol neben dem Suchfeld wird daraufhin farblich hervorgehoben: ●.

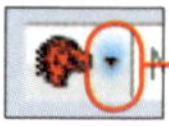

Damit signalisiert Ihnen der Firefox, dass er auf dieser Seite eine Suchfunktion entdeckt hat, die Sie Ihren Helfern hinzufügen könnten. Wenn Sie das möchten, klicken Sie auf das farbige Pfeilsymbol und dann in der Auswahl auf ●

Das war es auch schon. Die COMPUTER BILD-Suche ist in die Liste Ihrer Suchhelfer übernommen.

Suchhelfer verwalten

Im Verwaltungsfenster der Suchmaschinen-Einträge können Sie die Reihenfolge der Helfer festlegen oder auch solche, die Sie nicht mehr brauchen, entfernen.

1 Um den Verwaltungsbereich aufzurufen, klicken Sie auf

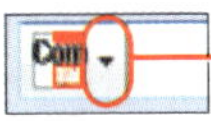

sowie anschließend auf den Eintrag

.

2 Wenn Sie beispielsweise die Google- und die Amazon-Suche am häufigsten nutzen, bietet es sich an, diese beiden Helfer oben zu platzieren, um nötige Wechsel zu beschleunigen. Die Google-Suche befindet sich bereits an erster Stelle, die Amazon-Suche soll eine Position nach oben rücken. Klicken Sie daher auf den entsprechenden Eintrag,

um eine Markierung zu setzen.

3 Sobald eine Suchfunktion markiert ist, können Sie die Schaltflächen rechts im Verwaltungsfenster verwenden. Klicken Sie dort auf

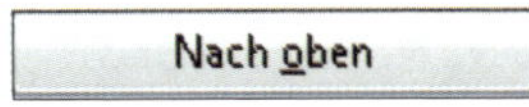

,

rückt die Amazon-Suche wie gewünscht eine Position nach oben.

4 Ebenso einfach ist es, einen Helfer zu entfernen. Falls Sie beispielsweise die Suche in den BBC-Nachrichten nicht mehr benötigen, markieren Sie den Eintrag

und klicken dann auf die Schaltfläche

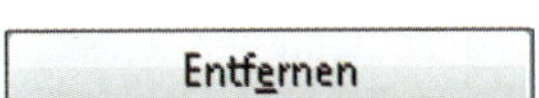

.

5 Ohne weitere Nachfrage wird der Eintrag damit aus der Liste der Helfer entfernt. Um das Verwaltungsfenster zu schließen, genügt ein Mausklick auf

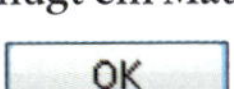

.

Suchen mithilfe von Schlüsselwörtern

Schlüsselwörter haben den Vorteil, dass Sie selbst in Situationen, in denen Sie vieles parallel bearbeiten, schnell Hilfe bekommen: Stellen Sie sich vor, Sie nutzen das Internet sehr intensiv für Recherchen im EDV-Bereich. Dazu nehmen Sie häufig die COMPUTER BILD-Suche in Anspruch. Daneben arbeiten Sie häufig mit englischsprachigen Texten und müssen daher öfter ein Wort oder einen Satz im Online-Wörterbuch von Leo.org nachschlagen. Mit derselben Gewissheit, mit der ein fallendes Butterbrot mit der bestrichenen Seite auf den Boden trifft, wird es Ihnen dann immer wieder passieren, dass als Suchhelfer gerade COMPUTER BILD eingestellt ist, wenn Sie eine Leo-Abfrage durchführen möchten, und umgekehrt. Das ständige Wechseln der Suchfunktionen ist dann natürlich sehr lästig. Der Firefox bietet Ihnen aber eine überzeugende Alternative, blitzschnell Suchanfragen abzuschicken: Statt des Suchfeldes verwenden Sie einfach Schlüsselwörter.

1 Öffnen Sie zunächst den Verwaltungsbereich für die Suchhelfer. Markieren Sie dann per Mausklick den Eintrag

,

und klicken Sie rechts davon auf die Schaltfläche

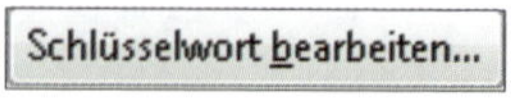

.

2 Im Dialogfenster, das daraufhin erscheint, tippen Sie einen möglichst kurzen und gut zu merkenden Begriff ein, im Beispiel „cobi" als Abkürzung für COMPUTER BILD: ●. Was es mit diesem Schlüsselwort auf sich hat, werden Sie gleich erfahren. Klicken Sie nun zur Bestätigung auf ●.

Neben dem Eintrag von COMPUTER BILD wird jetzt das Schlüsselwort angezeigt: ●.

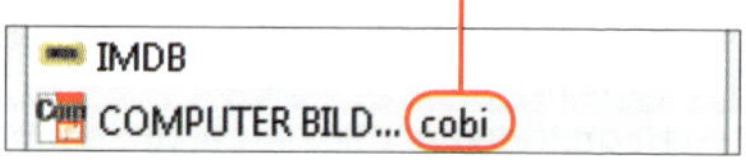

3 Ebenso verfahren Sie mit dem Online-Wörterbuch Leo. Dafür bietet sich das Schlüsselwort ●

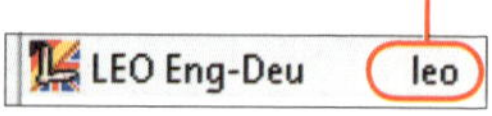

an. Nach einem Mausklick auf die Schaltfläche

verschwindet das Verwaltungsfenster.

4 Und so funktionieren die Schlüsselwörter: Angenommen, Sie möchten beispielsweise bei COMPUTER BILD nach dem Programm Thunderbird suchen. Dazu brauchen Sie weder die COMPUTER BILD-Seite aufzurufen noch das Suchfeld zu bemühen. Tippen Sie einfach das Schlüsselwort „cobi“, dann ein Leerzeichen und anschließend den gesuchten Begriff in die Adresszeile des Firefox ein: ●.

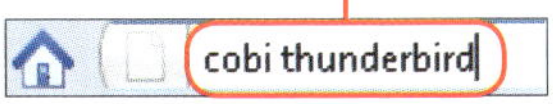

5 Sobald Sie Ihre Eingabe durch Drücken der ↵-Taste bestätigt haben, wird umgehend die Trefferseite von COMPUTER BILD angezeigt.

6 Analog dazu können Sie jetzt, egal auf welcher Seite Sie sich gerade befinden, blitzschnell nachschlagen, wie das Wort „Vorteil“ auf Englisch heißen kann. Tippen Sie einfach das Schlüsselwort „leo“ in die Adresszeile, ein Leerzeichen und den gesuchten Ausdruck ein: ●.

Nach dem Drücken der Taste ↵ bekommen Sie die passende Leo-Seite präsentiert.

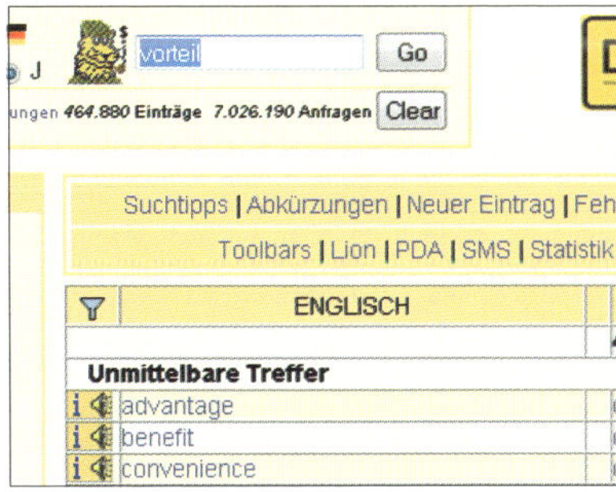

Andere Wörterbücher verwenden

Unter der Adresse **www.leo.org** finden Sie auch Wörterbücher zu anderen Sprachen. Sollten Sie beispielsweise ein französisches brauchen, rufen Sie die Leo-Seite auf und klicken in der Navigationsleiste auf ●,

um zur betreffenden Seite zu wechseln. Der Firefox erkennt sofort, dass sich auf dieser Seite eine Suchfunktion befindet. Klicken Sie daher einfach auf ●

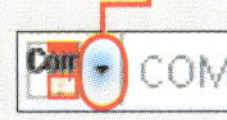

und anschließend auf

.

Das Deutsch-Französische Wörterbuch können Sie künftig ganz normal im Suchfeld aufrufen oder sogar – nach Festlegen eines entsprechenden Schlüsselworts – über die Adresszeile abfragen.

Schlüsselwörter zuweisen

Im vorigen Abschnitt haben Sie erfahren, wie Sie Schlüsselwörter für eingetragene Suchhelfer festlegen können. Darüber hinaus lassen sich aber auch Schlüsselwörter für beliebige Datenbanken anlegen, die *nicht* im Suchfeld aufgeführt sind. Ein Beispiel:

1 Rufen Sie zunächst die Internetadresse **www.filmgalerie-berlin.de** auf, und klicken Sie dort in der Navigationsspalte am linken Rand auf ●.

2 Auf der Seite, die daraufhin erscheint, haben Sie Zugriff auf eine Datenbank, in der so ziemlich alle nennenswerten DVDs (und VHS-Kassetten) erfasst sind, die auf dem deutschen Markt erhältlich sind oder waren. Wenn Sie diese Datenbank künftig gerne per Schlüsselwort durchsuchen möchten, klicken Sie mit der rechten (!) Maustaste in das Eingabefeld ●

und im dann aufklappenden Kontextmenü auf den Eintrag ●.

3 Im nachfolgenden Dialogfenster tippen Sie im obersten Feld eine aussagekräftige Bezeichnung ein, etwa ●, sowie darunter das Schlüsselwort, das Sie verwenden möchten, im Beispiel den Ausdruck „film" ●.

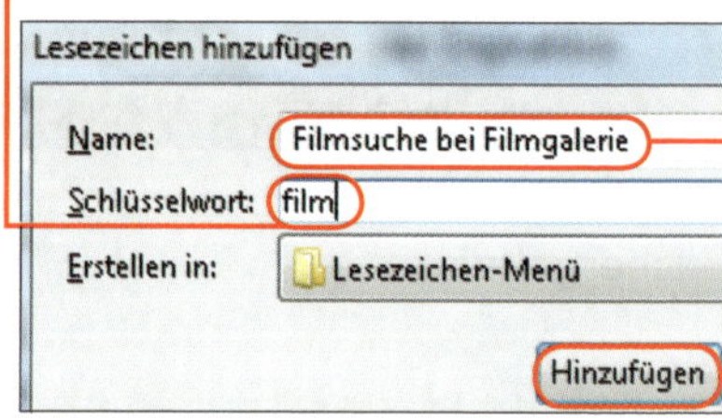

Die Vorgabe in der Zeile „Erstellen in:" können Sie beibehalten und gleich auf ● klicken.

4 Das war es auch schon. Das Schlüsselwort ist angelegt, und Sie können die Datenbank der Filmgalerie künftig abfragen, ohne die Suchseite extra aufrufen zu müssen. Ein Beispiel: Sie suchen nach einem Film, in dessen Titel das Wort „Himmel" vorkommt. Tippen Sie also einfach in die Adresszeile des Firefox Ihr Schlüsselwort „film" ein und dann, nach einem Leerzeichen, das Wort „Himmel".

Sobald Sie Ihre Eingabe durch Drücken der [↵]-Taste bestätigen, wird umgehend die Ergebnisseite angezeigt.

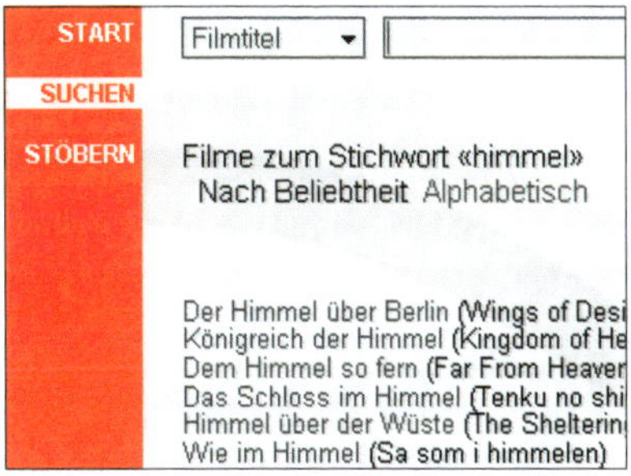

Schlüsselwörter für Datenbankabfragen nutzen

Mit der in diesem Abschnitt beschriebenen Technik können Sie beliebige Datenbanken und Suchmaschinen blitzschnell abfragen, ohne zuerst Internetadressen raussuchen und eintippen zu müssen. Im Kapitel 5, das sich mit der Verwaltung Ihrer Lesezeichen beschäftigt, erfahren Sie noch mehr über den geschickten Einsatz von Schlüsselwörtern. So können Sie beispielsweise eine Suche, die Sie immer wieder durchführen, mit einem Schlüsselwort versehen und bei Bedarf pfeilschnell ausführen.

Auf einer Internetseite suchen

Viele Internetseiten sind sehr umfangreich und enthalten eine Menge Text oder auch ellenlange Listen. Mitunter ist es daher gar nicht so einfach, auf solchen Seiten einen gesuchten Begriff zu finden. Der Firefox bietet Ihnen aber eine praktische Hilfsfunktion. Dafür ein Beispiel:

1 Im vorigen Abschnitt haben Sie die Datenbank der Filmgalerie nach einem Film durchsucht, in dessen Titel das Wort „Himmel" vorkommt. Dummerweise ist die Trefferliste ganz schön lang. Sie können sich aber noch dunkel daran erinnern, dass in dem von Ihnen gesuchten Titel auch noch das Wort „Hölle" vorkommt. Sie brauchen die Trefferliste also nur entsprechend zu durchsuchen. Klicken Sie dazu in der Menüleiste des Firefox auf

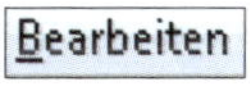

sowie anschließend auf

.

Am unteren Rand des Programmfensters erscheint daraufhin eine Suchleiste: ●.

Um diese Leiste aufzurufen, können Sie alternativ auch die Funktionstaste [F3] oder die Tastenkombination [Strg] und [F] drücken. (Das F können Sie sich leicht merken, wenn Sie an „Finden" denken.)

2 Links in dieser Suchleiste gibt es ein Eingabefeld. Tippen Sie dort den Ausdruck, nach dem Sie auf der Seite forschen wollen, ein, im Beispiel ●.

Schon während des Eintippens durchsucht der Firefox die Seite und zeigt Ihnen gleich die erste Fundstelle, zu erkennen an der grünen Hervorhebung: ●.

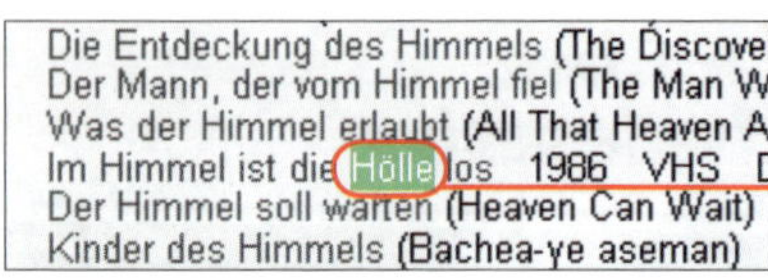

Drücken Sie die [↵]-Taste, springt die Hervorhebung zur nächsten Fundstelle.

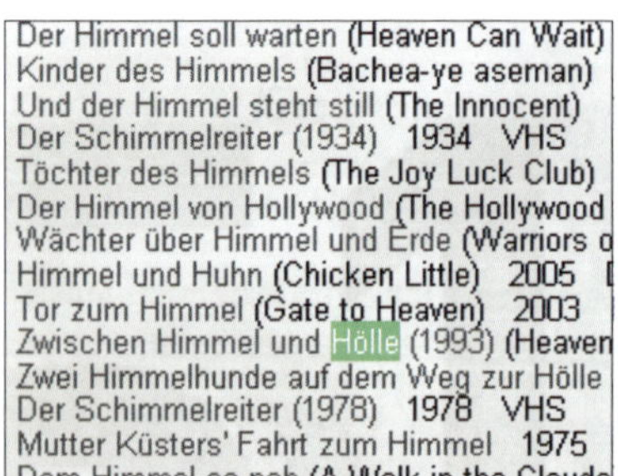

3 Nach und nach können Sie auf diese Weise alle Treffer abklappern. Rechts in der Suchleiste wird Ihnen mitgeteilt, wenn das Seitenende erreicht ist.

Durch erneutes Drücken der [↵]-Taste gelangen Sie wieder zur ersten Stelle. Mithilfe der Symbole

können Sie sich jeweils eine Fundstelle nach unten beziehungsweise nach oben bewegen.

4 Um die Übersicht zu verbessern, klicken Sie in der Suchleiste auf

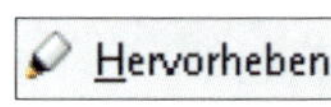

.

Dann erscheint diese Schaltfläche niedergedrückt,

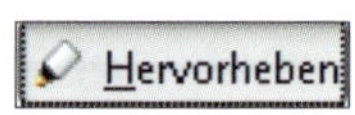

und alle Fundstellen auf der Internetseite werden optisch hervorgehoben: ●.

5 Durch jeden Buchstaben, den Sie in das Suchfeld zusätzlich eintippen, werden die Suchergebnisse natürlich stärker eingeschränkt. Sobald eine Buchstabenfolge nicht mehr gefunden wird, erscheint das Suchfeld rot.

Zudem bekommen Sie am rechten Rand der Suchleiste einen entsprechenden Hinweis.

6 Wenn Sie per Mausklick einen Haken in das Kästchen

setzen, wird beim Suchen zwischen Groß- und Kleinschreibung unterschieden. So kann es also durchaus sein, dass derselbe Ausdruck, den Sie in Schritt 2 eingetippt haben, klein geschrieben zu keinem Treffer führt, was Sie wieder an der roten Färbung erkennen.

7 Zum Schließen der Suchleiste klicken Sie entweder auf das Schließkreuz am linken Rand,

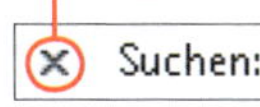

oder Sie drücken einfach die Esc-Taste.

Sofort beim Eintippen suchen

Sie können den Firefox so einstellen, dass die Suchfunktion ständig im Hintergrund aktiv ist. Das bedeutet: Sobald Sie während des **Surfen**s etwas mit der Tastatur eintippen, sucht der Firefox sofort auf der aktuell geladenen Internetseite los, als hätten Sie die Suchleiste aktiviert. Bei intensiven Textrecherchen ist dies ausgesprochen praktisch.

1 Sie können diese Funktion im Einstellungsmenü aktivieren. Klicken Sie also in der Menüleiste als Erstes auf

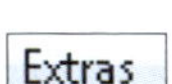

und anschließend auf den Eintrag

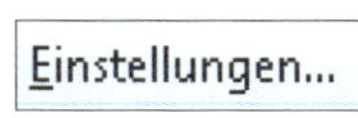

.

2 Im Einstellungsfenster, das daraufhin geöffnet wird, klicken Sie in der Navigationsleiste am oberen Rand ganz rechts auf das Symbol

und danach auf den Registerreiter .

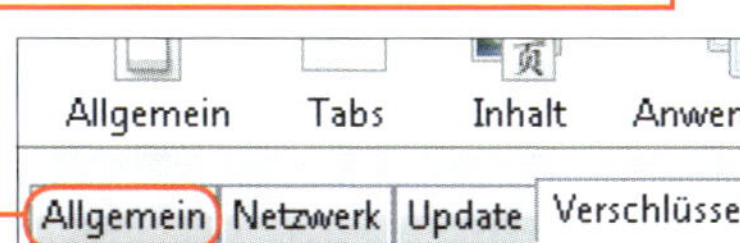

3 Jetzt brauchen Sie nur noch in das Auswahlkästchen

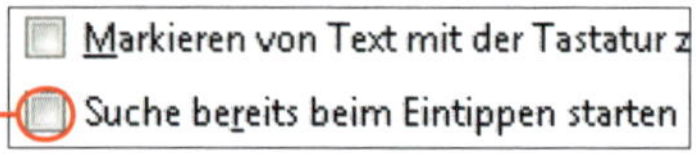

zu klicken, das daraufhin mit einem Haken versehen wird,

und das Einstellungsfenster per Klick auf

zu verlassen.

4 Sobald Sie während des Surfens nun eine beliebige Buchstabentaste antippen, springt die Suchfunktion automatisch an, und die Suchleiste wird eingeblendet, ohne dass Sie Strg und F oder die Funktionstaste F3 betätigen müssen. Natürlich wird auch gleich die erste Fundstelle hervorgehoben:.

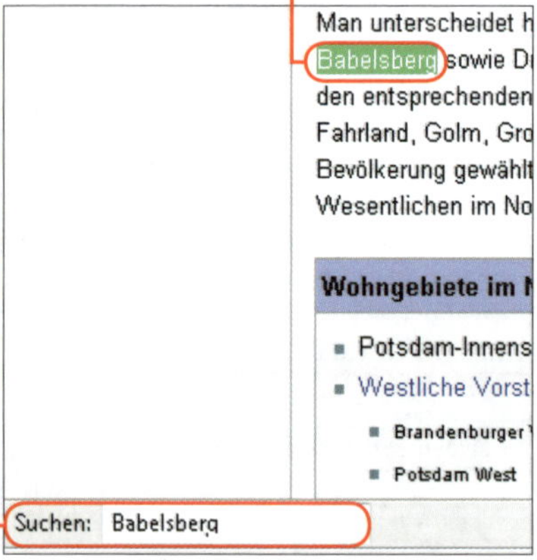

5 Nach einer kurzen Weile verschwindet die Suchleiste wieder von selbst, um Ihnen nicht auf die Nerven zu fallen. Dabei werden die Fundstellen nicht mehr grün,

sondern blau hervorgehoben.

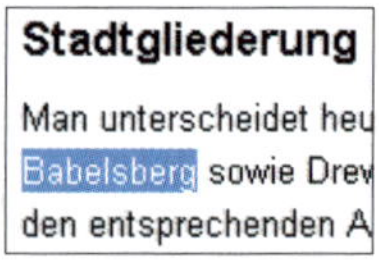

Für Sie stellt diese Farbänderung gleichzeitig das Signal dar, dass die nächste Buchstabenfolge, die Sie eintippen, als neue Suche interpretiert wird. Dieses selbstständige Leeren des Suchfeldes ist ausgesprochen praktisch, müssten Sie doch sonst erst mühsam das Suchfeld ansteuern und den alten Suchbegriff entfernen.

6 Um die Funktion „Beim Eintippen suchen" wieder zu deaktivieren, entfernen Sie einfach den Haken aus dem Auswahlkästchen im Einstellungsmenü, wiederholen also die Klickfolge der Schritte 1 bis 3 dieser Anleitung. In der englischen Version des Firefox wird die Funktion „Beim Eintippen suchen" übrigens als „Find as you type" bezeichnet. Dies nur als Hinweis, falls Ihnen dieser Ausdruck einmal begegnen sollte.

5 Merklisten für Internetseiten

Internetadressen, die Sie sich merken möchten, brauchen Sie nicht etwa auf einem Blatt Papier zu notieren. Sie können sie dort speichern, wo Sie sie auch benötigen: im Firefox selbst.

Die Möglichkeit, Internetadressen zu speichern, bieten alle gängigen **Browser**. Beim Internet Explorer werden diese Verweise „Favoriten" genannt. In der internationalen Mozilla-Gemeinde spricht man von „Bookmarks". Beim deutschsprachigen Firefox heißen diese Helfer „Lesezeichen".

Im fünften Kapitel dieses Buches erfahren Sie,

- wie Sie Lesezeichen speichern und organisieren,
- wie Sie Lesezeichen schnell finden,
- welche Möglichkeiten Sie haben, auf Ihre Lesezeichen zuzugreifen,
- wie Sie Suchanfragen abspeichern,
- wie Sie Favoriten aus dem Internet Explorer importieren
- und wie Sie Ihre Lesezeichen-Sammlung weitergeben können.

Kapitel-Wegweiser

Lesezeichen anlegen

Ein Lesezeichen anzulegen, bedeutet nichts anderes, als eine Internetadresse zu speichern. Da Sie diese Lesezeichen selbst bestimmen können, finden Sie Ihre Lieblingsseiten künftig blitzschnell wieder. Wenn Sie beispielsweise ein **E-Mail**-Konto bei einem **Freemail**-Anbieter unterhalten, können Sie sich ein Lesezeichen anlegen, das Sie in Zukunft direkt zum **Login** führt.

1 Surfen Sie zunächst zu der Seite, deren Adresse Sie speichern möchten, also zum Beispiel zur Login-Seite von Arcor.

2 Klicken Sie dann in der Menüleiste des Firefox auf

Lesezeichen

und im aufklappenden Menü auf den Eintrag

Lesezeichen hinzufügen.

3 Den Namensvorschlag für Ihr Lesezeichen können Sie auf Wunsch überschreiben. Ebenso ist es möglich, den Ordner, in dem das Lesezeichen gespeichert wird ●, selbst zu wählen. Näheres zur Lesezeichen-Ordnerstruktur erfahren Sie später in diesem Kapitel. Zum jetzigen Zeitpunkt behalten Sie die Voreinstellung am besten bei und klicken gleich in das Feld darunter ●.

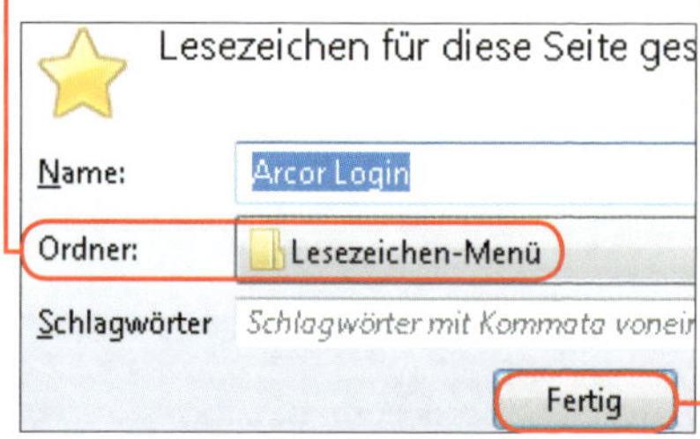

In dieses Feld können Sie nun sogenannte Schlagwörter eintippen (siehe dazu den Abschnitt ab Seite 85). Ist das geschehen, klicken Sie zur Bestätigung auf die Schaltfläche ●.

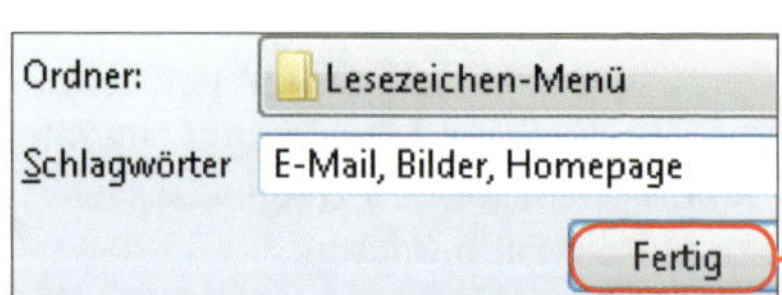

4 Das war es auch schon: Das Lesezeichen ist jetzt gespeichert. Wenn Sie künftig zum Mitglieder-Login Ihres Arcor-E-Mail-Kontos gelangen wollen, klicken Sie einfach auf und danach auf .

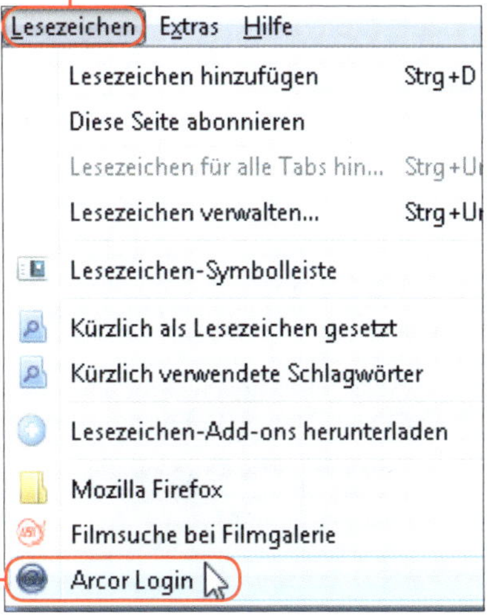

5 Um eine Adresse in die Lesezeichen-Liste aufzunehmen, können Sie statt der Mausklicks in Schritt 2 auch einfach die **Tastenkombination** [Strg] und [D] verwenden. Sie bekommen dann ebenfalls das Dialogfenster aus Schritt 3 angezeigt. Legen Sie nun beliebige weitere Lesezeichen an.

6 Klicken Sie ein Lesezeichen normal mit der linken Maustaste an, wird die betreffende Seite im aktiven Fenster geöffnet, Sie wechseln also die Anzeige. Ihnen stehen aber noch zwei andere Möglichkeiten zur Verfügung. Wenn Sie mit der rechten (!) Maustaste auf ein Lesezeichen klicken, beispielsweise ,

klappt ein Kontextmenü auf. Per Klick auf öffnen Sie das Lesezeichen in einem neuen Fenster und per Klick auf

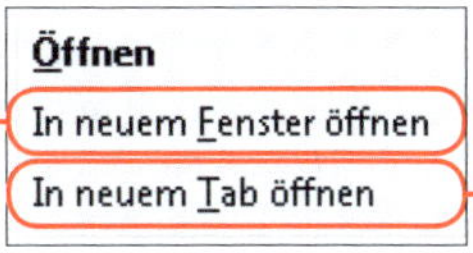

in einem neuen Register.

7 Sollten Sie eine Internetseite als Lesezeichen gespeichert haben, wird das Sternsymbol, das sich rechts in der Adresszeile befindet, nicht mehr weiß ,

sondern gelb

dargestellt. Sie können also auf den ersten Blick erkennen, ob Sie eine Adresse bereits gespeichert haben oder nicht.

Wenn Sie trotzdem versuchen, ein Lesezeichen anzulegen, weil Sie die Färbung übersehen haben, macht das nichts. Im Gegenteil, Sie können das sogar ganz bewusst tun. Denn dann erscheint ein Bearbeitungsfenster. Bei Bedarf können Sie das Lesezeichen darin bearbeiten, etwa Schlagwörter ergänzen. Unabhängig davon, ob Sie eine Bearbeitung vornehmen oder nicht, schließen Sie das Fenster per Klick auf ●.

Lesezeichen verwalten

Je mehr Lesezeichen Sie anlegen, desto wichtiger wird es, sich eine Ordnungsstruktur zu überlegen und einzuhalten. Die Liste der Lesezeichen wird nämlich länger und länger und demzufolge unübersichtlich. Haben Sie beispielsweise bei verschiedenen E-Mail-Anbietern Konten, bietet es sich an, alle entsprechenden Lesezeichen in einem Ordner zusammenzufassen. Solche Aufgaben erledigen Sie in der sogenannten Bibliothek.

1 Klicken Sie zunächst in der Menüleiste auf ● und anschließend auf ●,

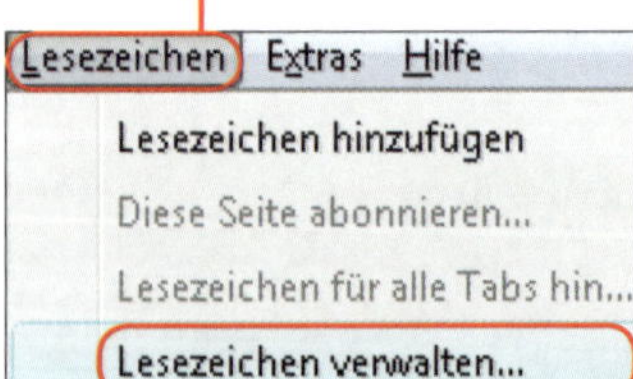

damit die Bibliothek erscheint. Diese wird übrigens in einem separaten Fenster angezeigt. Durch Anklicken des entsprechenden Eintrags in der **Taskleiste** können Sie also jederzeit zwischen Firefox-Programmfenster und Bibliothek hin- und herwechseln.

2 Die Bibliothek ist eine Datenbank, in der Ihre Lesezeichen und Ihre Schlagwörter erfasst sind. Außerdem befinden sich darin die Adressen Ihrer besuchten Seiten, also Ihre Chronik. Im Augenblick geht es jedoch darum, Ihre Lesezeichen zu organisieren. Klicken Sie daher in der Navigationsspalte am linken Rand auf ●.

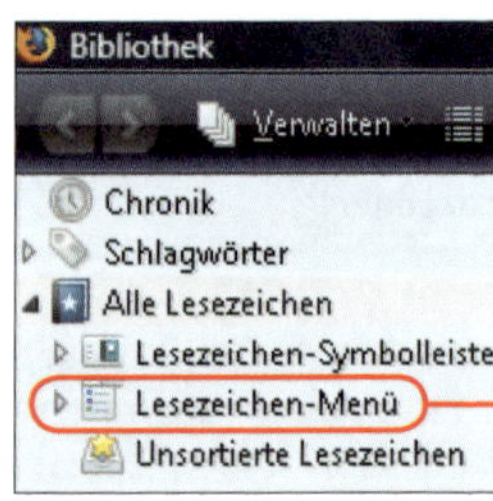

Anschließend werden im Hauptbereich der Bibliothek alle Ihre erfassten Lesezeichen tabellarisch aufgelistet.

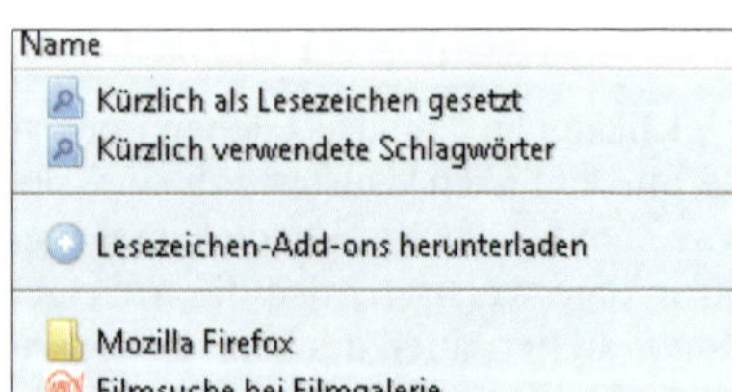

Navigieren in der Bibliothek

Die Navigation in der Bibliothek funktioniert wie in einem Windows-**Explorer**-Fenster. Befindet sich in der Navigationsspalte ein gerade nach rechts weisendes Dreieck, bedeutet das, dass dieser Ordner Unterordner enthält. Klicken Sie auf das Dreieck ●,

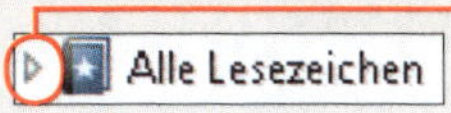

werden diese sichtbar, und das Dreieck weist nun schräg nach unten: ●.

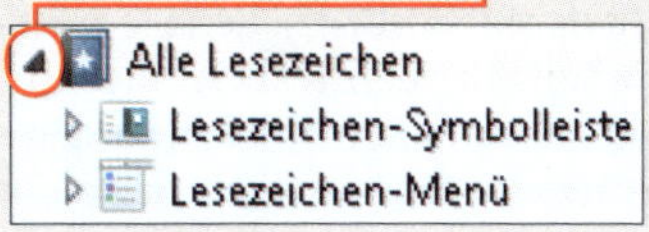

Wenn Sie allerdings *nicht* auf das Dreieck, sondern auf die Bezeichnung ●

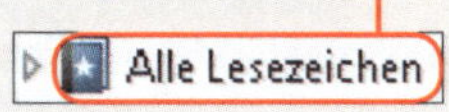

klicken, wird die nächste Hierarchie-Ebene im Anzeigebereich eingeblendet: ●.

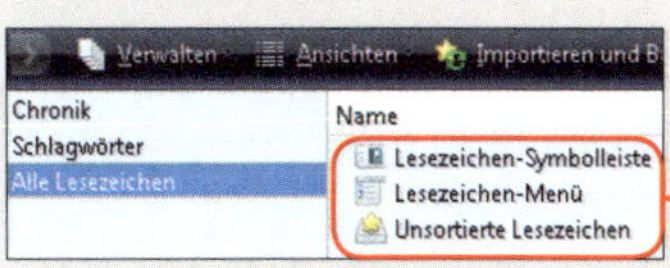

3 Um einen Ordner anzulegen, klicken Sie in der Symbolleiste am oberen Rand der Bibliothek zuerst auf

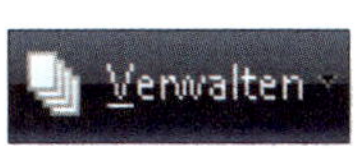

und anschließend auf den Eintrag ●.

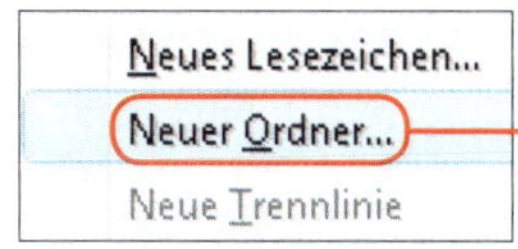

Im nachfolgenden Dialogfenster tippen Sie eine Bezeichnung für den Ordner ein, im Beispiel ●. Ob Sie auch eine Beschreibung eintragen, bleibt Ihnen überlassen. Zur Bestätigung klicken Sie danach auf die Schaltfläche ●.

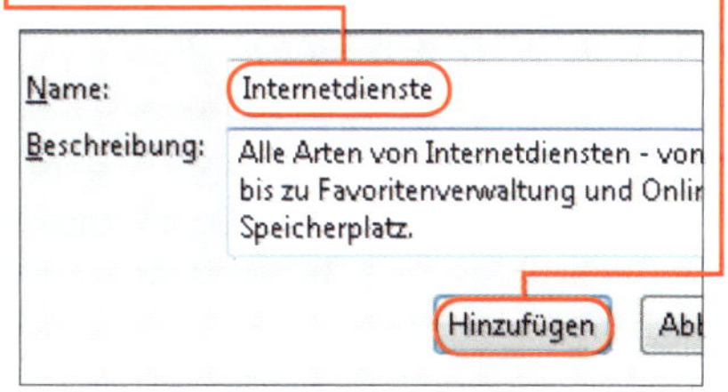

4 Auf diese Weise können Sie beliebig viele Ordner anlegen. Diese lassen sich dann jederzeit in der Navigationsspalte anzeigen. Dazu klicken Sie einfach auf ● sowie ●.

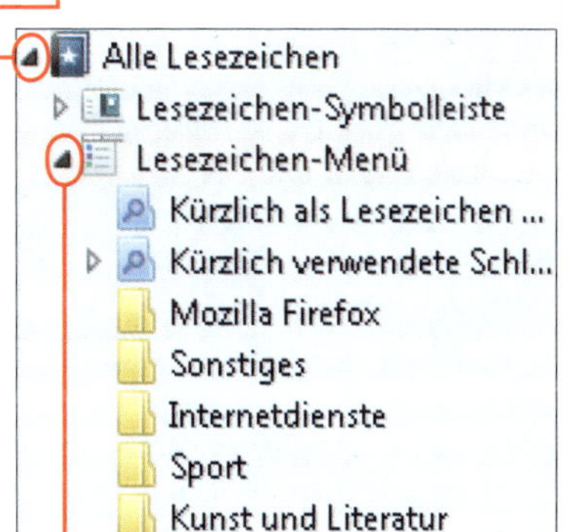

5 Lesezeichen, die Sie bereits erfasst haben, können Sie ganz einfach in den passenden Ordner „**ziehen**“: Klicken Sie den Lesezeichen-Eintrag im Anzeigebereich der Bibliothek an, etwa

,

halten Sie die Maustaste gedrückt, und ziehen Sie das Lesezeichen mit weiterhin gedrückter Maustaste in die Navigationsspalte über den Ordner-Eintrag, beispielsweise hierhin ●.

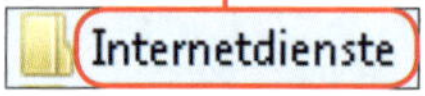

Der Mauszeiger verändert dabei seine Form. Sobald er sich über dem Ordner befindet, lassen Sie die Maustaste einfach los.

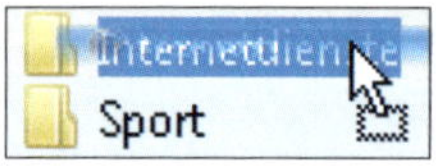

Lesezeichen nicht verschieben, sondern kopieren

Es kann gut sein, dass Sie ein Lesezeichen in verschiedenen Ordnern ablegen möchten. Halten Sie in dem Fall während des Ziehvorgangs die Taste [Strg] gedrückt. Dann wird das Lesezeichen nicht in den Ordner verschoben, sondern nur kopiert.

6 Mit der beschriebenen Methode können Sie alle Ihre Lesezeichen in Ordner einsortieren. Wenn Sie einen Ordnereintrag anklicken, etwa ●, bekommen Sie die darin gespeicherten Lesezeichen angezeigt: ●

7 In der Bibliothek haben Sie auch die Möglichkeit, Ihre Lesezeichen bequem zu bearbeiten. Klicken Sie den entsprechenden Eintrag an, im Beispiel ●,

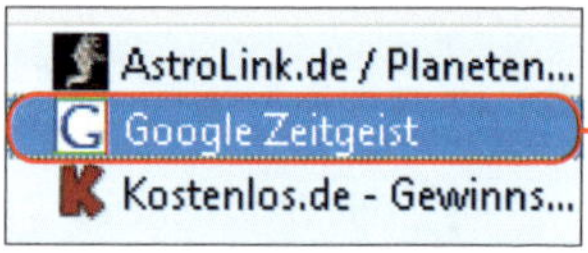

werden am unteren Rand der Bibliothek Eingabefelder eingeblendet. Dort können Sie beispielsweise den Namen des Lesezeichens ändern oder Schlagwörter ergänzen.

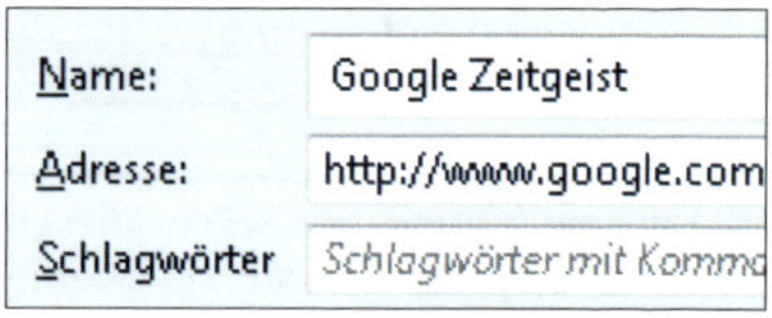

Um ein Lesezeichen zu entfernen, **markieren** Sie es per Mausklick und drücken danach die [Entf]-Taste. Ohne weitere Warnmeldung (!) wird das Lesezeichen dann eliminiert. Falls Sie die Bibliothek nicht mehr brauchen, klicken Sie einfach rechts oben auf das Schließkreuz

.

8 Und so greifen Sie nach dem Einrichten von Ordnern auf Ihre Lesezeichen zu: Als Beispiel dient wieder der Verweis auf das Arcor-E-Mail-Konto, das im Ordner „Internetdienste“ abgelegt wurde. Wollen Sie diese Seite künftig aufrufen, klicken Sie in der Firefox-Menüleiste auf

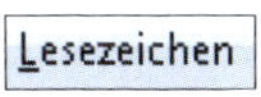

,

führen den Mauszeiger anschließend über die Ordnerbezeichnung

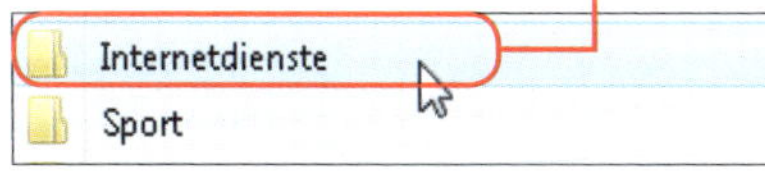

und klicken in der daraufhin seitlich aufklappenden Liste auf. Per Klick auf

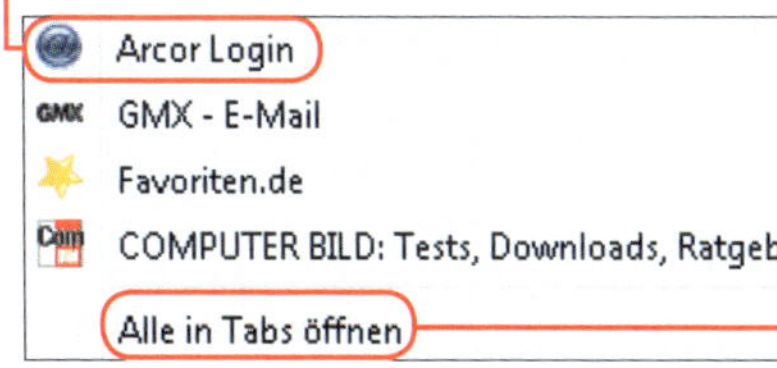

könnten Sie auch alle in diesem Ordner gesammelten Lesezeichen auf einmal in Registern öffnen.

Ordner unterteilen

Sehr umfangreiche Lesezeichen-Ordner können Sie durch Unterordner weiter untergliedern. Um zum Beispiel den Ordner „Internetdienste“ zu unterteilen, gehen Sie folgendermaßen vor: Klicken Sie in der Bibliothek auf

,

und wiederholen Sie dann Schritt 3 auf Seite 83 für den Ordner „E-Mail“. Der neue Ordner erscheint anschließend als Unterordner: .

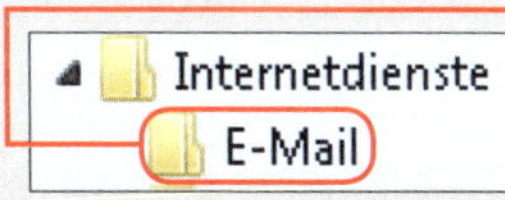

Lesezeichen mithilfe von Schlagwörtern finden

Wie Sie im vorigen Abschnitt gesehen haben, können Sie Lesezeichen in Ordnern thematisch zusammenfassen. Nun ist es aber häufig so, dass ein Lesezeichen in mehrere Kategorien passen würde – wie im Beispielfall auf der Seite 80, als Sie ein Lesezeichen für den Dienst Arcor angelegt haben. Dort können Sie nämlich nicht nur kostenlos ein E-Mail-Konto führen, sondern auch Ihre Digitalfotos speichern oder sogar einen eigenen Internetauftritt, eine Homepage, realisieren. Wenn Sie Ihre Lesezeichen *nur* mithilfe von Ordnern organisieren würden, müssten Sie den Verweis zu Arcor daher unter Umständen in drei verschiedenen Ordnern ablegen. Sinnvoller ist es jedoch, entsprechende Schlagwörter zuzuweisen.

1 Sobald Sie in die Adresszeile einen Begriff eintippen, durchsucht der Firefox nicht nur die Chronik und die Lesezeichen, wie bereits erwähnt, sondern auch die Schlagwörter. Tippen Sie also den Ausdruck ● ein, wird Ihnen sofort der entsprechende Verweis vorgeschlagen: ●.

2 Beim Erfassen eines neuen Lesezeichens können Sie sich die bisher vergebenen Schlagwörter zeigen lassen und ohne Tipparbeit übernehmen. Klicken Sie dazu im Dialogfenster auf ●.

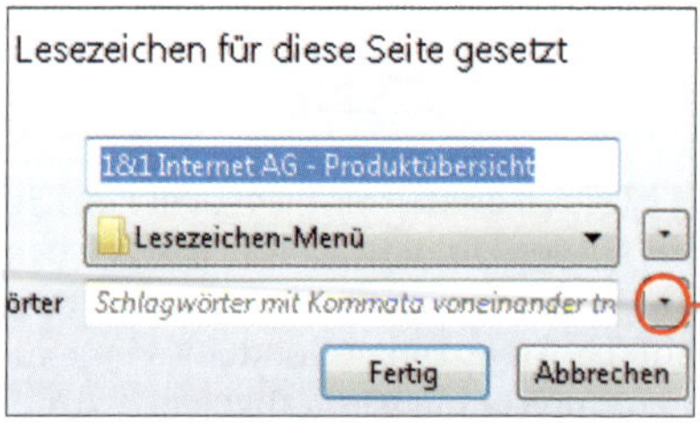

3 In der Liste, die sich daraufhin öffnet, setzen Sie einfach per Mausklick Haken in das entsprechende Kästchen, hier ●, bevor Sie das Lesezeichen mit einem Klick auf die Schaltfläche ● speichern.

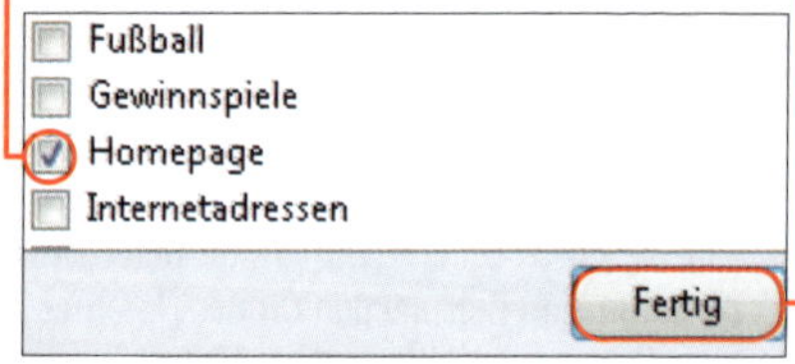

Geeignete Ansicht in der Bibliothek wählen

Lesezeichen werden im Anzeigebereich der Bibliothek tabellarisch aufgelistet. In der Grundeinstellung sind die Namen der Lesezeichen, die jeweils zugeordneten Schlagwörter sowie die Internetadressen zu sehen. Auf diese drei Informationen sind Sie aber nicht beschränkt. So können Sie sich beispielsweise auch anzeigen lassen, wann Sie die betreffenden Seiten zuletzt besucht haben. Dadurch haben Sie die Möglichkeit, im Rahmen einer „Entrümpelungsaktion“ Karteileichen in Ihrer Lesezeichen-Sammlung ausfindig zu machen und zu entfernen.

1 Im Beispielfall soll der Ordner „Sonstiges“ untersucht werden, in dem Lesezeichen abgelegt sind, die thematisch

nirgendwo richtig zuzuordnen waren. Öffnen Sie zu diesem Zweck die Bibliothek, und klicken Sie dann in der Ordner-Spalte am linken Rand auf ●.

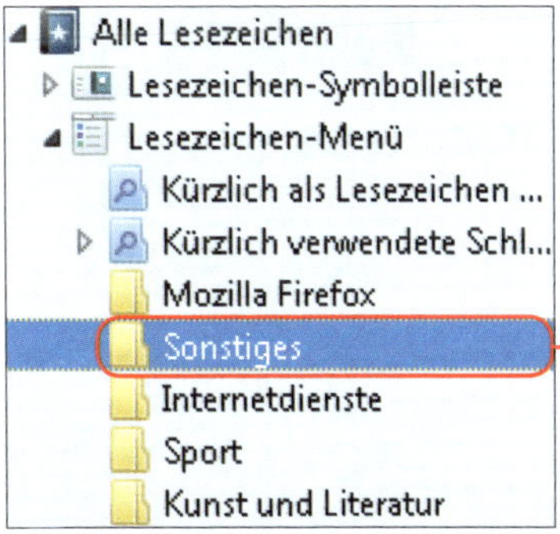

Im Anzeigebereich der Bibliothek werden nun die darin gesammelten Lesezeichen sichtbar.

2 Klicken Sie als Nächstes in der Leiste am oberen Rand der Bibliothek auf

,

und führen Sie den Mauseiger über den Eintrag ●.

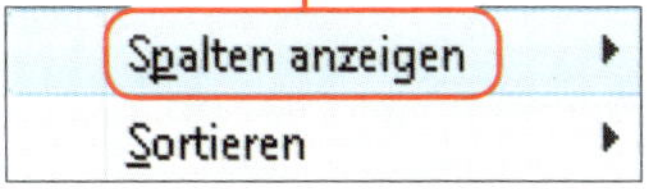

Seitlich erscheint daraufhin eine Liste mit den Spalten, die Sie in der Bibliothek anzeigen lassen können. Die Informationen, die mit einem Haken versehen sind, sind aktuell zu sehen.

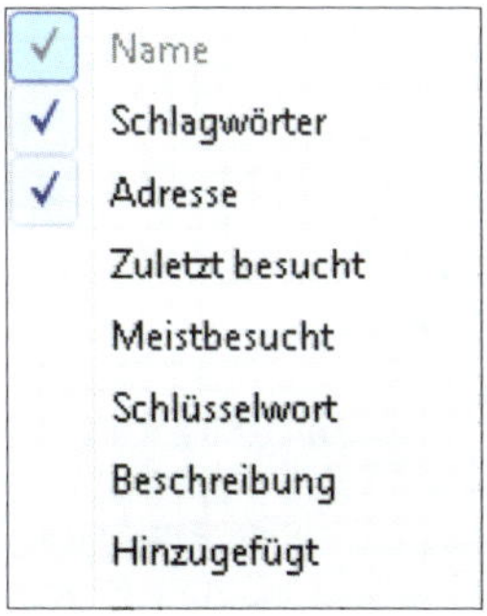

3 Per Mausklick können Sie diese Haken setzen oder auch entfernen, ganz nach Wunsch. Wenn Sie auf einen Eintrag klicken, hier

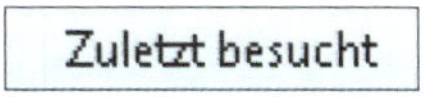

,

erscheint die entsprechende Spalte in der Lesezeichen-Tabelle. Sofort können Sie darin erkennen, wie lange es her ist, dass Sie die betreffende Seite das letzte Mal angesehen haben.

4 Um eine bessere Übersicht zu bekommen, kann es sinnvoll sein, die

Spaltenbreite zu verändern. Im Beispielfall nimmt die Spalte mit den Internetadressen unnötig viel Platz ein. Klicken Sie daher im Tabellenkopf auf die Grenze zwischen den beiden Spalten: .

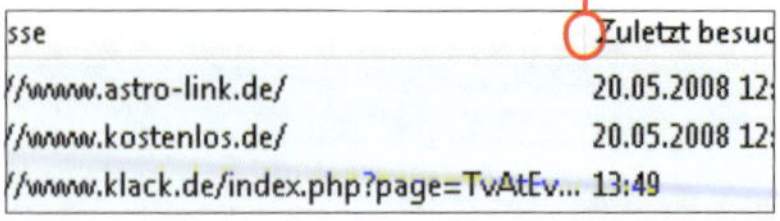

Der Mauszeiger verändert daraufhin seine Form: .

Klicken Sie jetzt, halten Sie die Maustaste gedrückt, und verschieben Sie die Spaltenbegrenzung mit weiterhin gedrückter Maustaste nach links.

5 Vor allem bei umfangreichen Lesezeichen-Sammlungen empfiehlt es sich, die Lesezeichen nicht in einer zufälligen Reihenfolge, sondern sortiert anzeigen zu lassen. Klicken Sie dazu auf

,

und führen Sie den Mauszeiger über ,

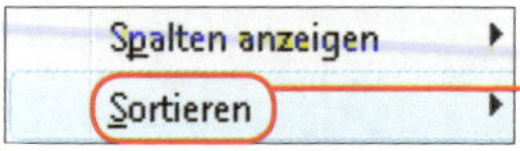

bis eine Liste aufklappt. Dann können Sie per Mausklick entscheiden, nach welchem Kriterium die Sortierung durchgeführt werden soll.

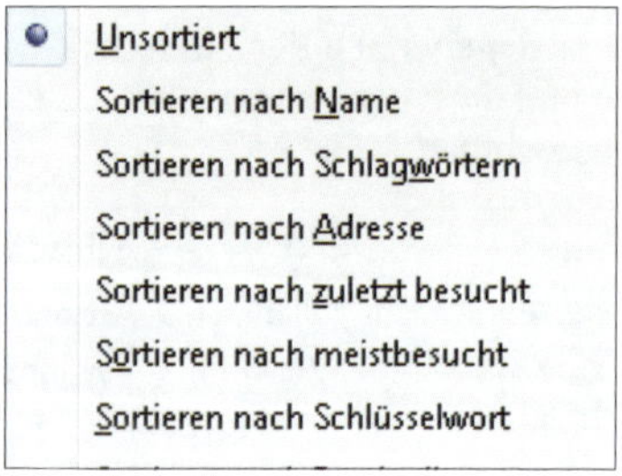

Bibliothek durchsuchen

Wenn Sie eine vernünftige Ordnerstruktur einhalten, werden Sie ein Lesezeichen, das Sie brauchen, normalerweise schnell finden. Notfalls können Sie in der Bibliothek aber auch die Suchfunktion nutzen. Dabei haben Sie die Wahl, ob Sie alle Lesezeichen oder nur einzelne Ordner durchforsten. Und das ist noch nicht alles: Mit der Suchfunktion können Sie auch die anderen Kategorien der Bibliothek, also die Schlagwörter und die Chronik durchforsten. Da das Durchsuchen der Chronik in der Praxis meist am wichtigsten ist, dient eine solche Suchaktion im Folgenden als Beispiel.

1 Stellen Sie sich vor, Sie haben kürzlich **online** einen interessanten Artikel über Basketball gelesen, können sich aber nicht mehr erinnern, auf welcher Internetseite das war. Der Firefox hilft weiter. Starten Sie zunächst die Bibliothek, und klicken Sie in der Spalte am linken Rand auf ●,

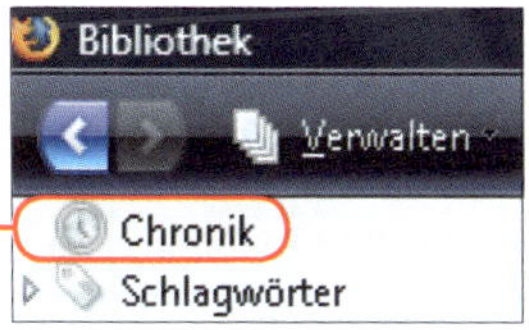

damit die Chronik geöffnet wird.

2 Die Chronik jetzt Eintrag für Eintrag nach der gesuchten Seite abzuklappern, wäre höchst mühsam. Klicken Sie daher rechts oben im Bibliotheksfenster in das Suchfeld,

und tippen Sie den Suchbegriff ein, im Beispiel ●.

Bereits während des Eintippens blendet der Firefox immer mehr Seiten aus, bis nur noch solche gezeigt werden, in denen der Suchbegriff vorkommt.

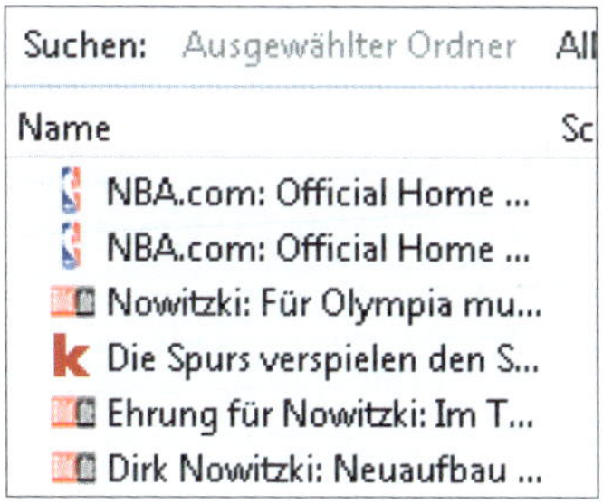

3 Wenn Sie wieder alle Chronik-Einträge sehen möchten, klicken Sie einfach rechts im Suchfeld auf das Symbol ●.

Der Suchbegriff wird dadurch entfernt.

4 Das Durchsuchen von Lesezeichen funktioniert im Prinzip genauso. Wollen Sie *alle* Lesezeichen einbeziehen, klicken Sie im ersten Schritt auf ●. Möchten Sie hingegen nur einen Ordner durchsuchen, klicken Sie diesen an, beispielsweise ●.

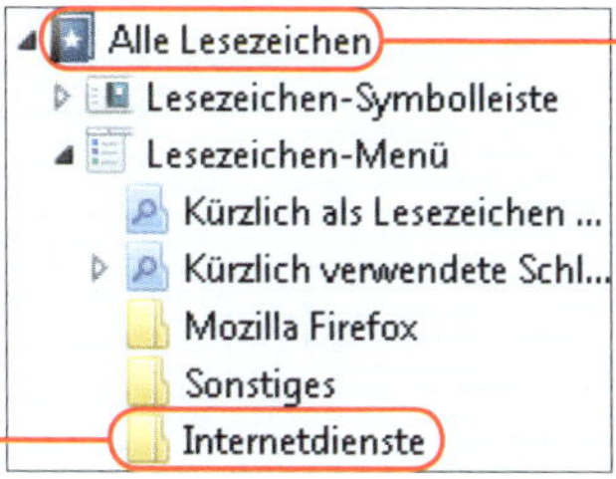

Der Rest der Suchanfrage ist identisch mit dem Verfahren ab Schritt 2 dieser Anleitung.

Suchaktionen bequem wiederholen

Suchaktionen, die Sie in der Bibliothek durchführen, lassen sich speichern. Das hat den Vorteil, dass Sie diese Suche jederzeit wiederholen können - und zwar nicht nur in der Bibliothek, sondern auch aus dem Lesezeichen-Menü heraus.

1 Als Beispiel dient die „Basketball"-Suche in der Chronik, die im vorigen Abschnitt geschildert wurde. Nachdem Sie die Suche durchgeführt haben, klicken Sie unterhalb des Eingabefeldes auf die Schaltfläche ●.

Im Dialogfeld, das nun erscheint, tippen Sie eine Bezeichnung ein, hier ●, und klicken anschließend zur Bestätigung auf ●.

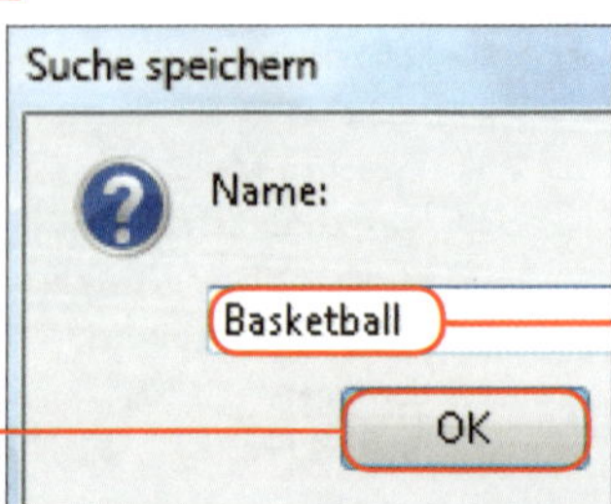

2 Daraufhin taucht ein entsprechender Eintrag in der Spalte am linken Rand der Bibliothek auf: ●.

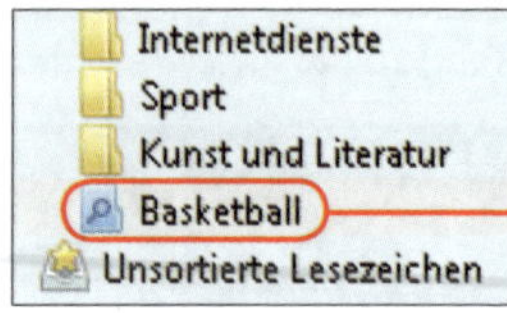

Per Mausklick können Sie die Suche jederzeit erneut ausführen.

3 Viel interessanter ist jedoch eine andere Zugriffsmöglichkeit, die sogar bei einer geschlossenen Bibliothek funktioniert: Wenn Sie in der Menüleiste des Firefox-Programmfensters auf

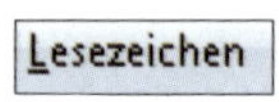

klicken, wird der Sucheintrag unterhalb der Lesezeichen und Lesezeichen-Ordner angezeigt.

Klicken Sie diesen Eintrag an, tauchen Verweise zu den Trefferseiten auf, die Sie dann per Mausklick einzeln oder nach einem Klick auf ●

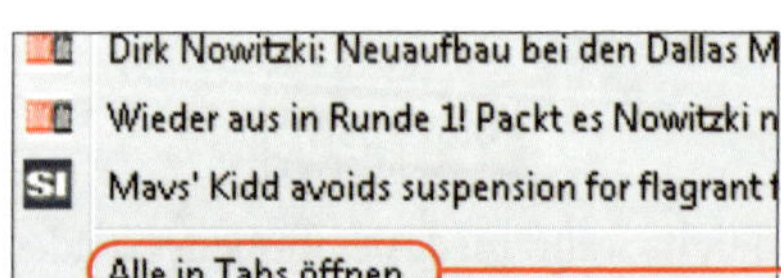

alle auf einmal in Registern öffnen können.

4 Das Beste kommt noch: Die Suche wird jederzeit aktualisiert. Falls Sie weitere Basketball-Seiten besuchen, beispielsweise den gleichnamigen Wikipedia-Artikel,

werden diese natürlich in der Chronik des Firefox gespeichert. Das ist noch nichts Besonderes. Wiederholen Sie aber Schritt 3, werden auch die Seiten, die Sie zum Zeitpunkt der Speicherung der Suche noch nicht besucht hatten, aufgelistet!

Noch bequemer auf Lesezeichen zugreifen

Wenn Sie regelmäßig intensive Surf-Ausflüge unternehmen und häufig auf Ihre selbst angelegten Lesezeichen zugreifen, können die dazu nötigen „Maus-Operationen" recht lästig werden. Und sollten Sie eines der Lesezeichen nicht auf Anhieb finden, müssen Sie sogar die Bibliothek aufrufen, um danach zu forschen. Es geht aber auch viel bequemer:

1 Abhilfe schafft eine unscheinbare Tastenkombination. Drücken Sie einfach Strg und B. Dann werden am linken Rand des Firefox in einer abgetrennten Spalte (in der sogenannten Sidebar) Ihre Lesezeichen angezeigt, im Beispiel ●.

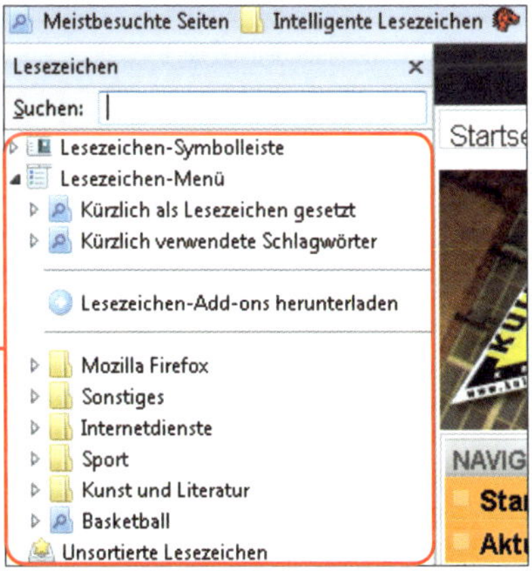

2 Dort können Sie dann ganz bequem auf Ihre Ordner und Ihre Lesezeichen zugreifen. Um einen Ordner zu öffnen, klicken Sie auf das waagerechte Dreieckssymbol ●,

um ihn zu schließen, entsprechend auf ●.

3 Per Mausklick direkt auf ein Lesezeichen, hier ●,

wird die dazugehörige Internetseite umgehend geöffnet. Halten Sie dabei die Strg-Taste gedrückt, erscheint die Seite in einem neuen Register.

4 Wollen Sie alle Lesezeichen eines Ordners auf einmal öffnen, klicken Sie mit der rechten (!) Maustaste auf die Ordner-Bezeichnung

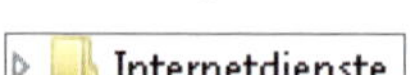

und dann wieder normal mit der linken Taste auf

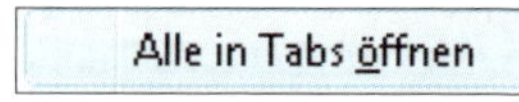

Auch die Suchfunktion steht Ihnen in der Lesezeichen-Spalte zur Verfügung.

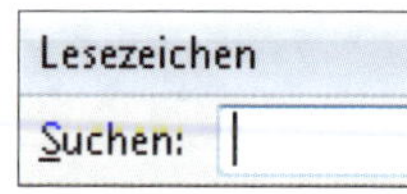

5 Statt die Tastenkombination Strg und B zu verwenden, können Sie auch den Weg über das Programm-Menü wählen, um die Lesezeichen seitlich anzeigen zu lassen. Klicken Sie auf

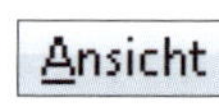

führen Sie den Mauszeiger im geöffneten Menü über ●,

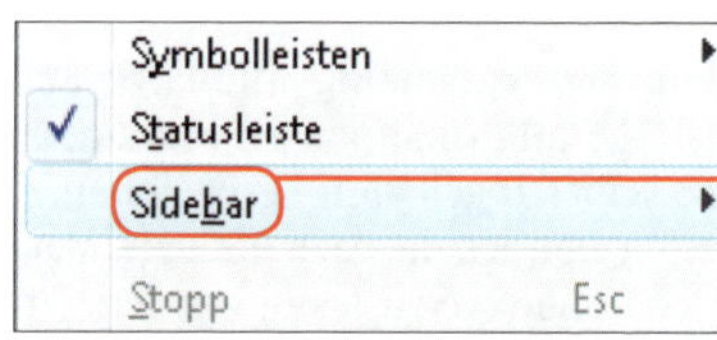

und klicken Sie in der seitlich aufklappenden Auswahl auf ●.

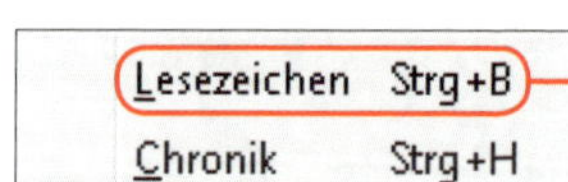

Damit die Lesezeichen-Spalte wieder geschlossen wird, genügt ein Klick auf das Schließkreuz ●.

Lesezeichen gleich richtig einsortieren

Wenn Sie ein Lesezeichen speichern, ist es ein Leichtes, dieses Lesezeichen sofort in den passenden Ordner einzusortieren. Sie brauchen also nicht etwa jedes Mal Verschiebe-Aktionen durchzuführen, wie es auf Seite 82 gezeigt wurde. Als Beispiel erfahren Sie im Folgenden, wie Sie ein weiteres E-Mail-Konto als Lesezeichen erfassen und gleich richtig einordnen.

1 Um ein Lesezeichen zu erfassen, verwenden Sie entweder die Tastenkombination Strg und D, oder Sie klicken auf ● und ●.

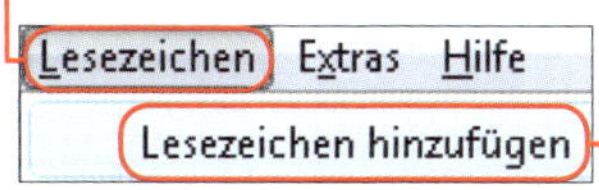

2 In jedem Fall öffnen Sie dadurch ein Dialogfenster, in dem Sie zunächst den Namen des Lesezeichens ● eingeben. Um jetzt gleich den passenden Ordner festzulegen, klicken Sie auf ●.

3 Per Mausklick markieren Sie nun den Ordner, in dem Sie das Lesezeichen ablegen möchten ●, und klicken zur Bestätigung auf ●.

Das Lesezeichen ist ab jetzt im Ordner „Internetdienste" zu finden.

4 Auch mithilfe der Ziehtechnik lässt sich ein Lesezeichen in einen Ordner verfrachten. Klicken Sie dazu als Erstes im Adressfeld auf das kleine Symbol links neben der Internetadresse, das sogenannte Favicon: ●.

5 Führen Sie dann den Mauszeiger mit weiterhin gedrückter Maustaste über den Menüeintrag ●

sowie anschließend über den Ordner, in dem Sie das Lesezeichen ablegen wollen, etwa ●.

Dort lassen Sie die Maustaste los.

6 Noch einfacher funktioniert diese Methode, wenn Ihre Lesezeichen in der Spalte am linken Rand des Programmfensters angezeigt werden. Dann können Sie das Lesezeichen nämlich direkt von der Adresszeile ● in den passenden Ordner ● ziehen.

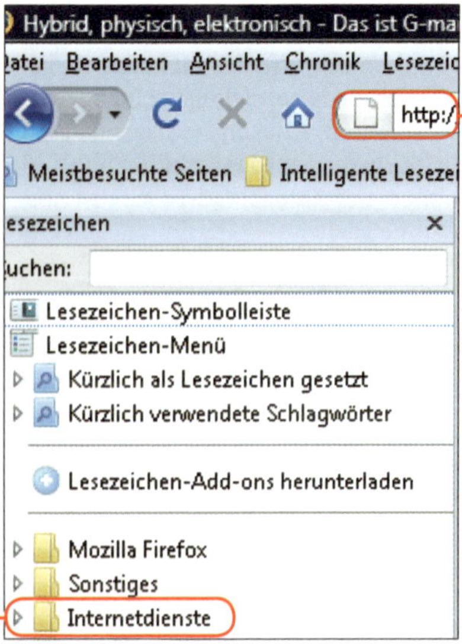

7 Bei Recherchen kommt es sehr häufig vor, dass Sie mehrere interessante Internetseiten finden. Sollten Sie diese Seiten in Registern geöffnet haben, brauchen Sie nicht für jede Seite separat ein Lesezeichen zu erstellen. Das geht für alle in einem Rutsch. Angenommen, Sie haben nach den aktuellen Bestimmungen für Kindergeldzahlungen geforscht und die interessantesten Fundstellen Ihrer Recherche in Registern geöffnet: ●.

Um diese jetzt komplett als Lesezeichen zu speichern, klicken Sie in der Menüleiste auf

,

dann aber *nicht* auf ●, sondern auf den Eintrag ●.

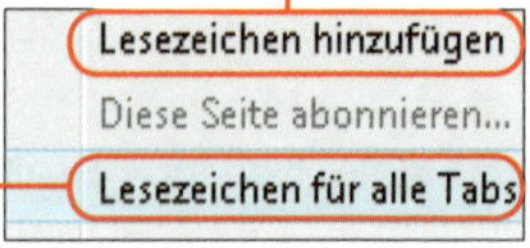

8 Anschließend brauchen Sie nur noch einen Ordner-Namen einzutippen und auf ●

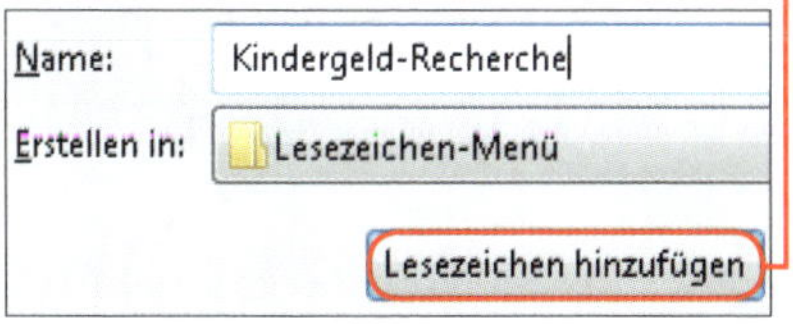

zu klicken. Auf den Ordner und die darin gespeicherten Lesezeichen können Sie dann ganz normal zugreifen.

9 Alternativ zur Klickfolge in Schritt 7 können Sie auch mit der rechten (!) Maustaste auf einen der Registerreiter und dann im Kontextmenü auf ●

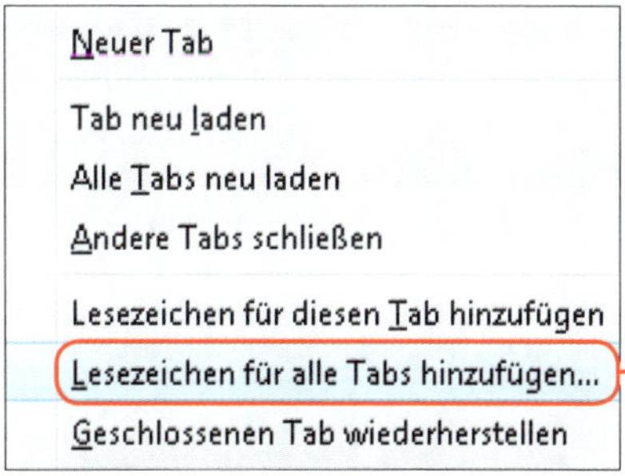

klicken, um das Dialogfenster aus Schritt 8 zu öffnen. Als dritte Möglichkeit schließlich bietet sich dafür die Tastenkombination [Strg], [⇧] und [D] an.

Lesezeichen einfach einsammeln

Es ist zweifellos sinnvoll, Lesezeichen gleich bei der Erfassung im passenden Ordner abzulegen. Nun kann es aber gut sein, dass Sie im Augenblick noch gar nicht recht wissen, wo Sie das Lesezeichen speichern wollen. Daher stellt Ihnen der Firefox einen speziellen Ordner zur Verfügung, in dem Sie ein Lesezeichen erst einmal zwischenlagern können.

1 Das funktioniert konkurrenzlos schnell. Wenn Sie sich auf einer Seite befinden, die Sie später erneut aufsuchen wollen, im Beispiel ●,

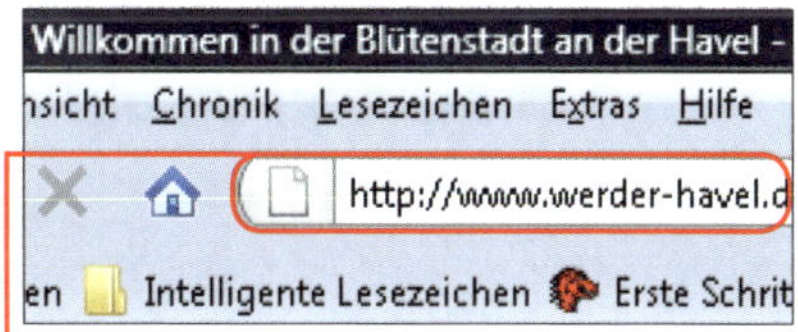

klicken Sie einfach rechts neben der Adresszeile auf das Sternsymbol ●.

Ohne dass ein Dialogfenster geöffnet wird, ist das Lesezeichen dadurch gespeichert. Sie können dies gleich daran erkennen, dass das Sternsymbol jetzt leuchtend gelb ist.

2 Auf diese Weise können Sie beliebig viele Lesezeichen erst einmal einsammeln. Wenn Sie irgendwann Zeit für Aufräumarbeiten haben, öffnen Sie die Bibliothek und klicken in der Spalte am linken Rand auf ●.

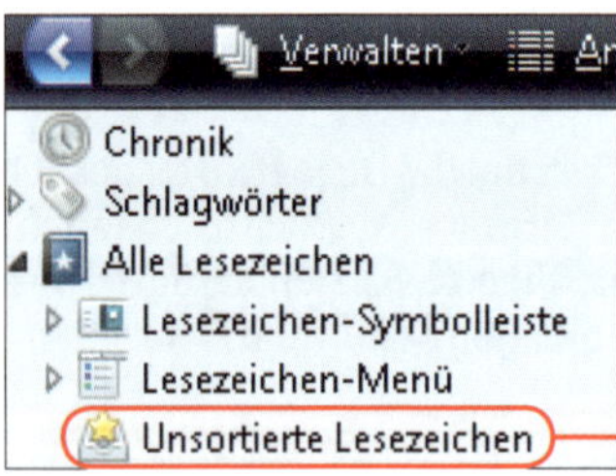

Im Anzeigebereich sehen Sie dann die eingesammelten Lesezeichen. Mit der bekannten Ziehtechnik können Sie die Lesezeichen nun richtig einsortieren.

3 Selbst wenn Sie die Lesezeichen noch nicht richtig einsortiert haben, können Sie bei Surf-Ausflügen natürlich darauf zugreifen. Sie brauchen sich Ihre Lesezeichen dazu nur in der Sidebar anzeigen zu lassen. Dort finden Sie den Spezial-Ordner und die darin gespeicherten Lesezeichen: ●.

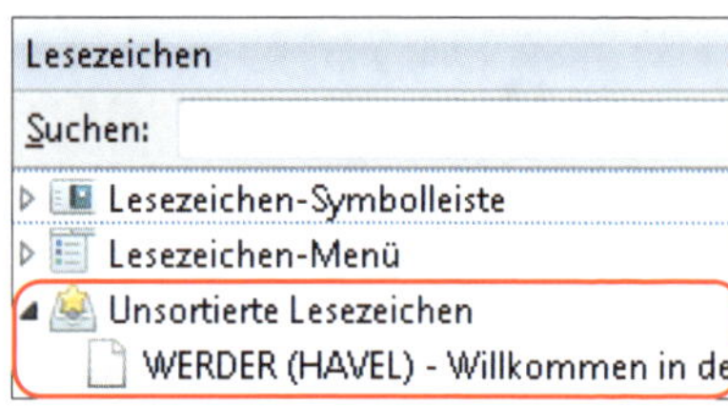

Per Mausklick auf Lesezeichen zugreifen

Lesezeichen, auf die Sie besonders schnell und einfach zugreifen wollen, können Sie in der Lesezeichen-Symbolleiste ablegen. Diese befindet sich zwischen den Navigationssymbolen und der Anzeigefläche: ●.

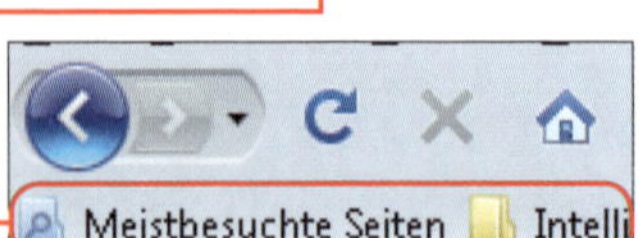

Lesezeichen, die auf dieser Leiste abgelegt werden, stehen Ihnen dann per einfachem Mausklick zur Verfügung.

1 Damit Sie beispielsweise blitzschnell online auf Ihr Bankkonto zugreifen können, surfen Sie zunächst zur entsprechenden Internetseite Ihrer Bank.

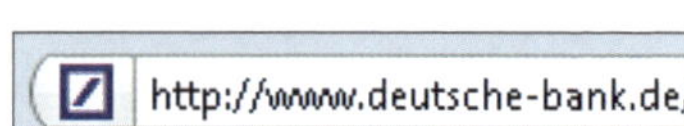

Klicken Sie dann auf und anschließend auf den Eintrag .

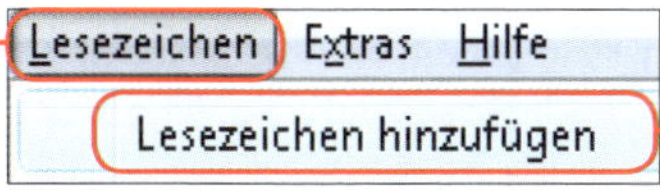

2 Im Dialogfenster, das sich dadurch öffnet, vergeben Sie einen Namen für das Lesezeichen, im Beispiel , und klicken dann auf

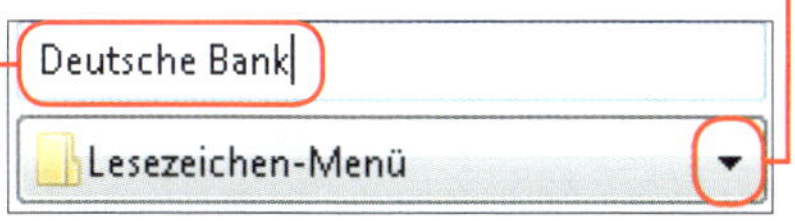

sowie in der nachfolgenden Auswahl auf

.

Bei Bedarf können Sie jetzt auch noch Schlagwörter eintippen. Danach bestätigen Sie Ihre Eingaben mit einem Mausklick auf die Schaltfläche .

3 In der Lesezeichen-Symbolleiste erscheint nun ein entsprechender Eintrag, beispielsweise .

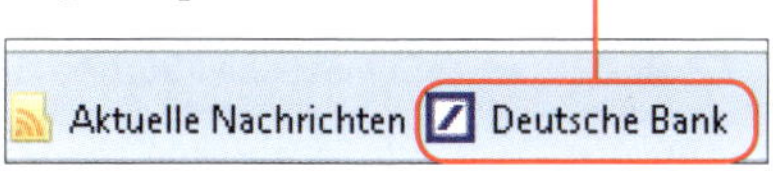

Wenn Sie künftig den Internetauftritt der Deutschen Bank aufsuchen möchten, brauchen Sie nur darauf zu klicken.

4 Es gibt noch eine flottere Variante, einen Verweis in die Lesezeichen-Symbolleiste aufzunehmen. Angenommen, Sie wollen künftig auch den Zugang zu Ihrem zweiten Bankkonto bei der Sparkasse per Mausklick erreichen. In dem Fall rufen Sie die entsprechende Seite auf, klicken dann auf das Favicon

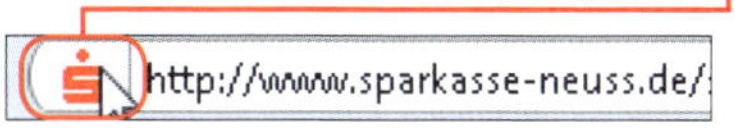

und ziehen es mit weiterhin gedrückter Maustaste auf die Symbolleiste: .

Lassen Sie die Maustaste los, ist das Lesezeichen dort eingetragen: .

5 Der Nachteil dieser Methode besteht darin, dass kein Dialogfeld erscheint, in dem Sie Namen und Schlagwörter eingeben können. Aber Sie haben ja die Möglichkeit, jederzeit „nachzuarbeiten". Rufen Sie einfach die Sparkassen-Seite auf, und klicken Sie dann rechts in der Adresszeile auf den gelben Stern .

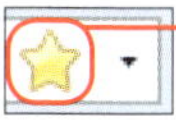

Anschließend können Sie bequem Eingaben ergänzen beziehungsweise Voreinstellungen überschreiben.

Google-Suche als Lesezeichen speichern

Es gibt Recherchen, die Sie immer wieder durchführen, beispielsweise um zu prüfen, ob im Internet irgendwelche neuen Berichte über Ihre Firma erschienen sind. Eine solche Suche können Sie speichern und bei Bedarf jederzeit per Mausklick durchführen. Als Beispiel in diesem Abschnitt dient die Google-Suche nach COMPUTER BILD-Büchern.

1 Rufen Sie zunächst ganz normal die Google-Seite (**www.google.de**) auf, und führen Sie die Suche wie gewohnt durch. Sobald die Ergebnisseite angezeigt wird,

klicken Sie auf das Symbol,

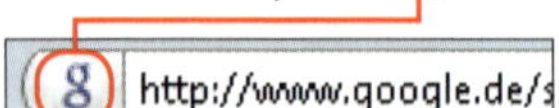

halten die Maustaste gedrückt und ziehen es mit weiterhin gedrückter Maustaste in die Lesezeichen-Symbolleiste.

Lassen Sie dann die Maustaste los.

2 Wenn Sie künftig auf den so erzeugten neuen Eintrag

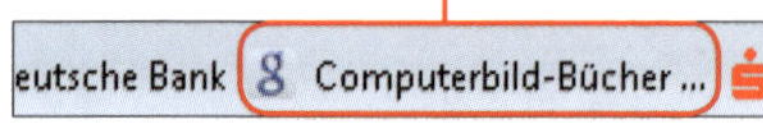

klicken, wird automatisch exakt die Suche durchgeführt, die Sie im Schritt 1 festgelegt haben.

3 Sie können aber noch mehr mit dem Lesezeichen anstellen. Die Möglichkeiten eröffnen sich, wenn Sie mit der rechten (!) Maustaste auf das Symbol in der Lesezeichen-Symbolleiste und im Kontextmenü, das daraufhin erscheint, auf

klicken. Nun können Sie zum Beispiel ein Schlüsselwort

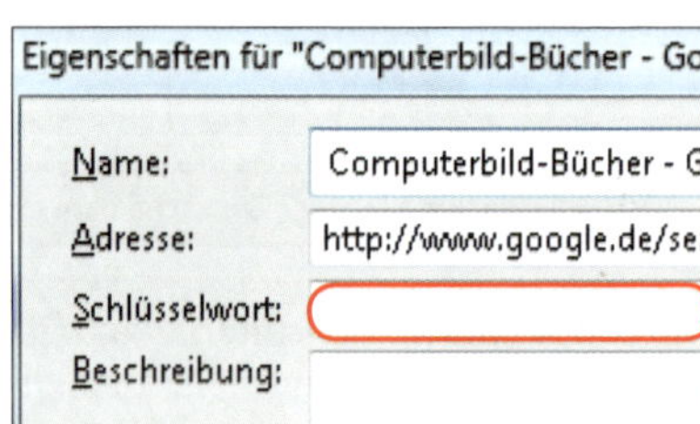

vergeben, das Sie künftig nur in die Adresszeile eintippen müssen, um die Suchanfrage auszuführen.

4 Setzen Sie in demselben Fenster per Mausklick einen Haken in das Kästchen ●,

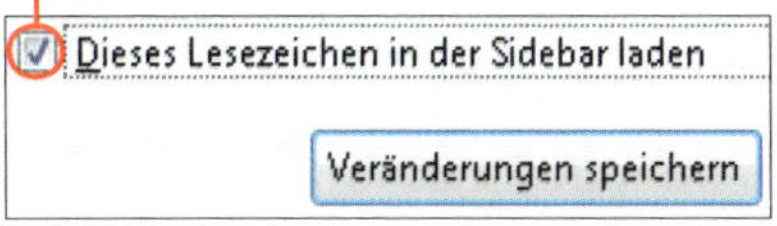

wird die Trefferseite künftig in der Sidebar, also einer Spalte am linken Rand angezeigt.

Das ist vor allem dann praktisch, wenn Sie viele Fundstellen nach und nach abarbeiten wollen. Sie können in dieser Spalte ganz normal auf einzelne Links klicken, um die entsprechenden Seiten aufzurufen. Die Ergebnisspalte bleibt trotzdem immer eingeblendet. Halten Sie bei einem Klick auf einen **Link** die [Strg]-Taste gedrückt, wird die dazugehörige Seite in einem neuen Register angezeigt.

Bereits angelegte Lesezeichen bearbeiten

Schlüsselwörter und das Laden in der Sidebar können Sie auch für bereits bestehende „normale“ Lesezeichen jederzeit nachträglich einrichten. Rufen Sie dazu die Bibliothek auf, und markieren Sie das Lesezeichen, im Beispiel ●.

Dann klicken Sie unten auf die Schaltfläche ●

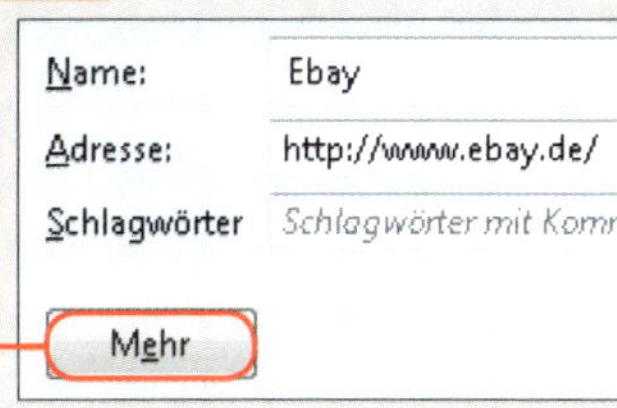

damit das benötigte Fenster mit dem Eingabefeld „Schlüsselwort“ und dem Auswahlkästchen ● sichtbar wird.

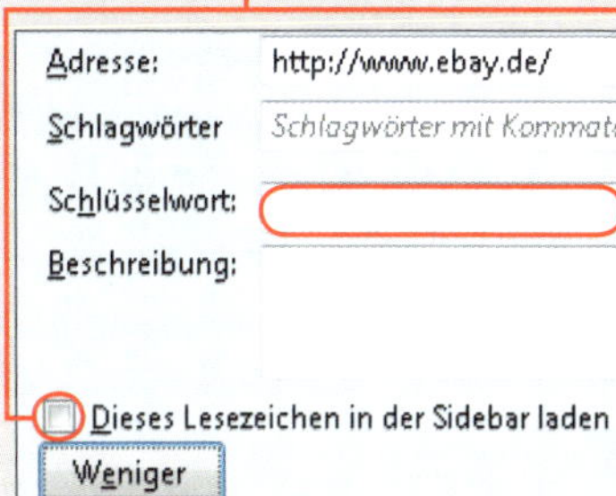

Schlagzeilen abonnieren

Viele Internetseiten und Weblogs verfügen über sogenannte **RSS**-Feeds. Dabei fassen die Anbieter Inhalte ihrer Seiten in Schlagzeilenform zusammen, die mehr oder weniger häufig aktualisiert werden. Sie können solche Schlagzeilenlieferanten in Ihre Lesezeichen aufnehmen. Wegen der ständigen Aktualisierungen werden solche Lesezeichen als „dynamisch“ bezeichnet.

Am besten wird die Funktionsweise klar, wenn Sie sich ein Beispiel ansehen. Dabei trifft es sich gut, dass ein dynamisches Lesezeichen von der „Tagesschau“ von Hause aus im Firefox integriert ist.

1 Klicken Sie in der Lesezeichen-Symbolleiste einfach auf den Eintrag

.

Daraufhin klappt eine Schlagzeilenübersicht auf. Wenn Sie diese Übersicht in größeren Zeitabständen aufrufen, wird Ihnen auffallen, dass sich die Schlagzeilen ständig ändern.

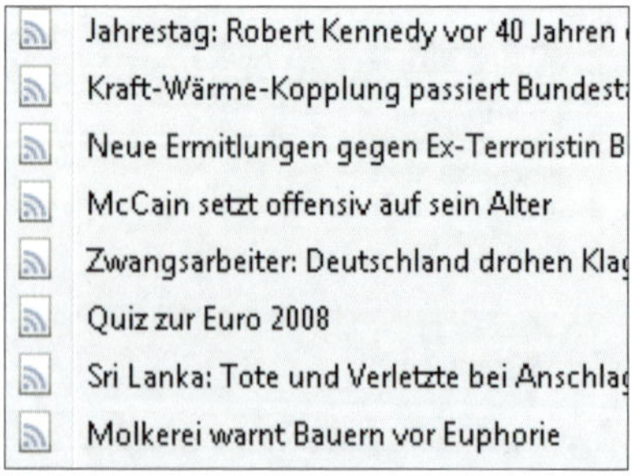

2 Falls Sie Hintergründe zu einer Schlagzeile erfahren möchten, klicken Sie direkt auf den Eintrag, im Beispiel

.

Schon wird die dazugehörige Internetseite mit ausführlichen Informationen geöffnet.

3 Internetseiten, die RSS-Feeds anbieten, können Sie ganz leicht erkennen. Wenn Sie beispielsweise die Seite **www.computerbild.de** aufrufen, erscheint rechts neben der Adresse

das Symbol ●,

Zeichen dafür, dass hier RSS-Feeds angeboten werden.

Um das Schlagzeilen-Angebot von COMPUTER BILD zu abonnieren (das ist natürlich kostenlos), klicken Sie einfach auf dieses RSS-Symbol und auf der Seite, mit der Sie dann verbunden werden, auf

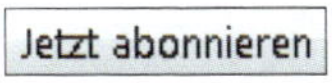

.

Im nachfolgenden Dialogfenster können Sie die Vorgaben übernehmen und gleich auf ● klicken.

4 In der Lesezeichen-Symbolleiste erscheint anschließend ein neuer Eintrag:

Wenn Sie darauf klicken, klappt eine Liste mit den neuesten Nachrichten von COMPUTER BILD auf.

Ein Mausklick auf einen Eintrag bringt Sie wie gehabt zum ausführlichen Artikel. Übrigens: In der Bibliothek finden Sie die von Ihnen abonnierten RSS-Feeds natürlich ebenso: ●.

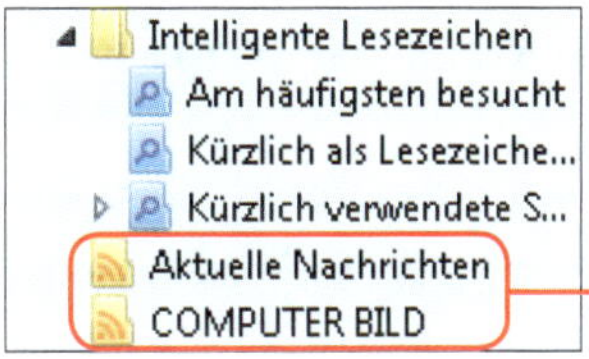

Lesezeichen importieren und exportieren

Falls Sie mit dem Internet Explorer schon fleißig Lesezeichen (beziehungsweise „Favoriten", wie sie in diesem Zusammenhang genannt werden) gesammelt haben, empfiehlt es sich, diese Sammlung in den Firefox zu übernehmen. Diese Option wird Ihnen auch gleich bei der **Installation** des Firefox angeboten (siehe Kapitel 1). Wenn Sie dieses Angebot zu jenem Zeitpunkt nicht wahrgenommen haben, können Sie den Import jederzeit problemlos nachholen.

1 Öffnen Sie zunächst die Bibliothek durch Klicks auf ● und auf den Eintrag ●.

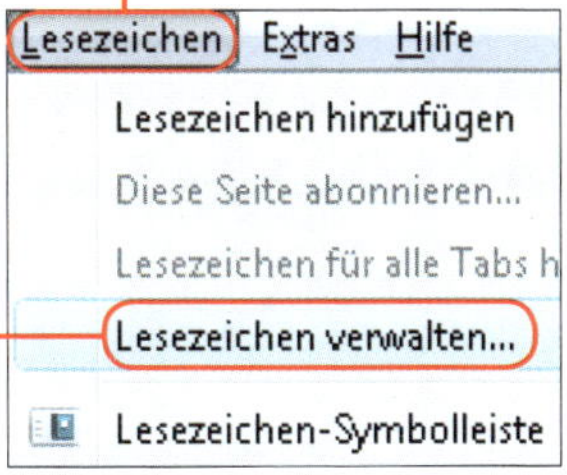

2 In der Navigationsleiste am oberen Rand folgt ein Mausklick auf

sowie anschließend auf ●.

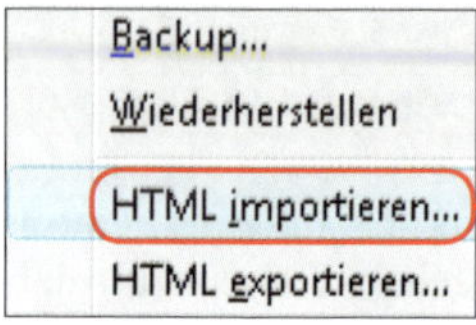

Klicken Sie im Dialogfenster, das daraufhin erscheint, in den Kreis ●,

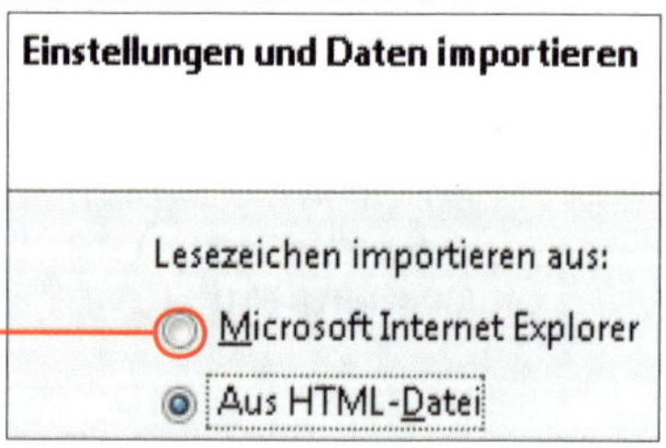

um einen Auswahlpunkt hineinzusetzen ●,

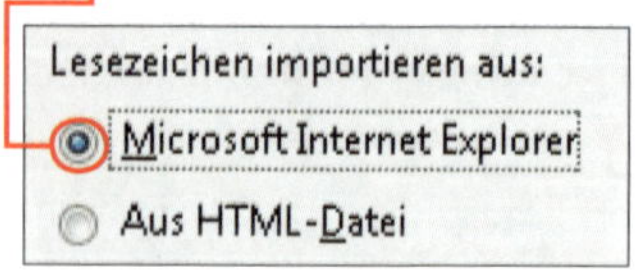

und danach auf

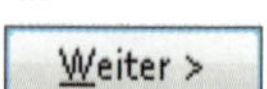

.

3 Nun werden die Lesezeichen aus dem Internet Explorer importiert. Sobald dieser Vorgang beendet ist, bekommen Sie eine Meldung angezeigt,

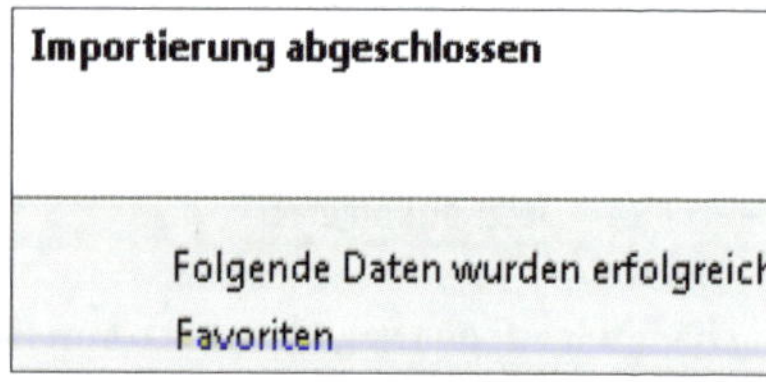

und Sie können auf die Schaltfläche

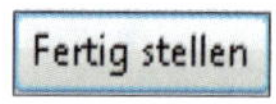

klicken, um den Importvorgang abzuschließen.

4 Die Lesezeichen, die Sie aus dem Internet Explorer übertragen haben, finden Sie künftig in der Bibliothek in einem separaten Ordner: ●.

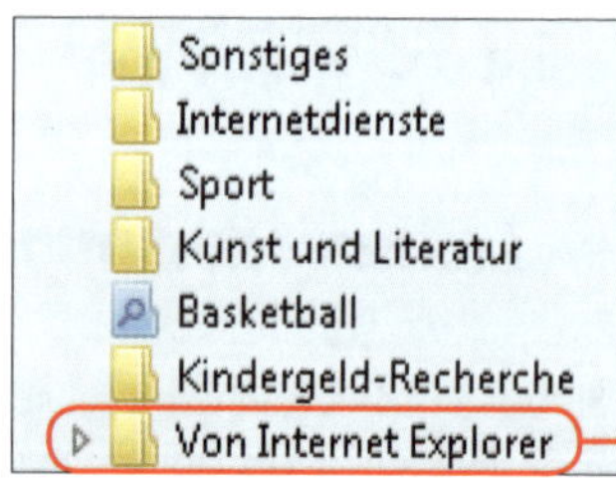

5 Falls Sie Ihre Lesezeichen-Sammlung an jemand anders weitergeben oder auf einem anderen Rechner verwenden möchten, führen Sie einen sogenannten Exportvorgang durch. Klicken Sie dazu in der Bibliothek auf

und im geöffneten Menü auf den Eintrag ●.

Anschließend wird ein **Explorer**-Fenster eingeblendet. Wählen Sie dort zunächst den Speicherort ●. Den Namen ●

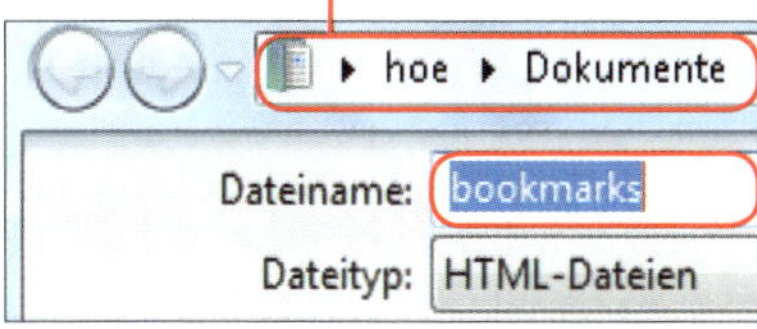

können Sie beibehalten und gleich auf

klicken.

6 Das war es auch schon. Die Datei „bookmarks.html“, die Sie soeben gespeichert haben, enthält jetzt alle Ihre Lesezeichen. Um diese Lesezeichen beispielsweise in einen Firefox auf einem anderen Rechner zu übernehmen, führen Sie dort einen Importvorgang durch. Klicken Sie also in der Bibliothek wieder auf ● und auf ●.

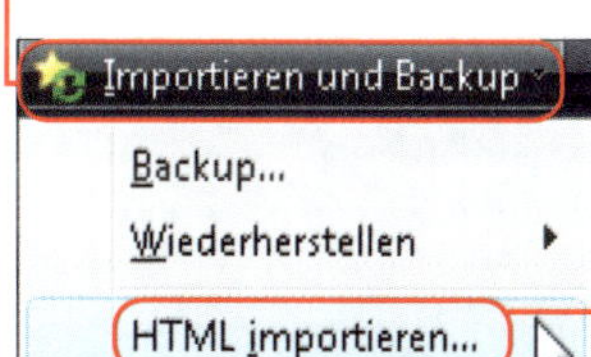

In diesem Fall lassen Sie aber den Punkt im Kreis ●

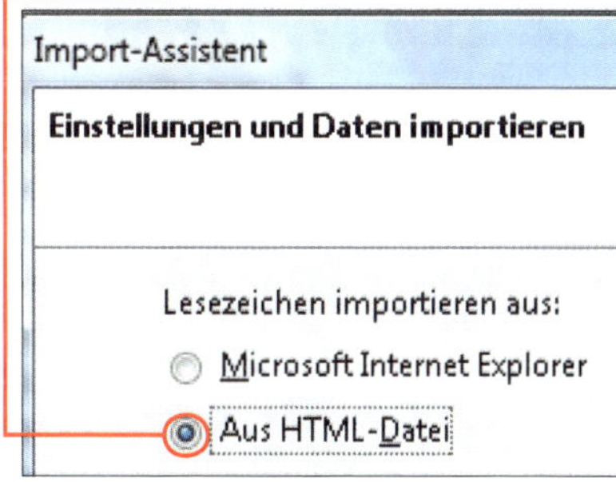

stehen und klicken gleich auf

.

7 Im Explorer-Fenster, das daraufhin geöffnet wird, markieren Sie die Bookmarks-Datei

und klicken danach einfach auf die Schaltfläche

.

Die Lesezeichen werden dann komplett übernommen.

6 Sicher im Internet bewegen

Wenn Sie das Internet nutzen, sind Sie Teil eines Welt umspannenden Netzwerkes. Ihr Rechner ist dann im Prinzip für jeden anderen Rechner, der mit dem Internet verbunden ist, erreichbar. Nun nutzen leider nicht nur ehrliche und anständige Menschen das Internet. Auch Gauner, Störenfriede und windige Geschäftemacher tummeln sich zunehmend im weltweiten Netz und versuchen, auf fremde Rechner zuzugreifen. Die Bedrohungen, die von diesen zwielichtigen Gestalten ausgehen, reichen vom Ausspähen wichtiger Passwörter bis hin zum Versuch, völlige Kontrolle über fremde PCs zu bekommen.

Einen weiteren Sicherheitsaspekt bildet der Datenschutz. Wie Sie im Laufe des Buches gesehen haben, merkt sich der Firefox vieles, von den Adressen besuchter Seiten bis hin zu Passwörtern für Internetdienste. Das ist auf der einen Seite natürlich sehr praktisch. Auf der anderen Seite: Sollten auch andere Personen Zugriff auf Ihren Rechner haben, besteht darin eine potenzielle Gefahr. Für beide Bedrohungslagen stellt Ihnen der Firefox wertvolle Hilfestellungen zur Verfügung.

Im sechsten Kapitel dieses Buches erfahren Sie,

- wie Sie sicherstellen, dass der Firefox Sie vor gefährlichen Internetseiten warnt,
- wie Sie erreichen, dass sich der Firefox Programmverbesserungen automatisch besorgt,
- wie Sie dafür sorgen, dass der Firefox nichts über Ihre Surfgewohnheiten verraten kann,
- und wie Sie beruhigt Passwörter auf Ihrem Rechner speichern können.

Kapitel-Wegweiser

Allgemeine Sicherheitshinweise beachten

Es gibt zwei wesentliche Bedrohungen, die von Internetseiten ausgehen können. Einmal kann es sein, dass die Seite versucht, einen schädlichen Programmcode auf Ihren Rechner zu schleusen, also „Malware" (gesprochen „malwär"). Gelingt das, kann der Angreifer im Extremfall - unbemerkt von Ihnen - die völlige Kontrolle über Ihren Rechner bekommen. Die zweite Bedrohung geht von Seiten aus, die versuchen, wichtige Daten von Ihnen abzugreifen, etwa Kreditkartennummern oder Passwörter. Im Normalfall ist die Vorgehensweise so, dass Sie auf eine gefälschte Seite gelockt werden. In der irrigen Annahme, sich beispielsweise auf der **Login**-Seite zu Ihrem Bankkonto zu befinden, geben Sie dann arglos Ihre Daten ein - und schon ist es passiert. Ihre Eingaben werden von Gaunern abgefangen. Diese Bedrohungsvariante wird „Phishing" (gesprochen „fisching") genannt.

Vor all diesen Gefahren versucht der Firefox automatisch, Sie zu schützen. Dabei vergleicht er Adressen, die Sie aufrufen, mit einer Schwarzen Liste, in der betrügerische oder verdächtige Seiten aufgenommen sind. Falls Sie auf einer solchen Seite gelandet sind, erkennt das der Firefox in vielen Fällen und zeigt Ihnen statt der Seite eine Warnmeldung an wie in der Beispielabbildung. Wenn Sie nicht absolut sicher sind, dass es sich hierbei um eine Falschmeldung handelt, sollten Sie unbedingt das Weite suchen und auf klicken.

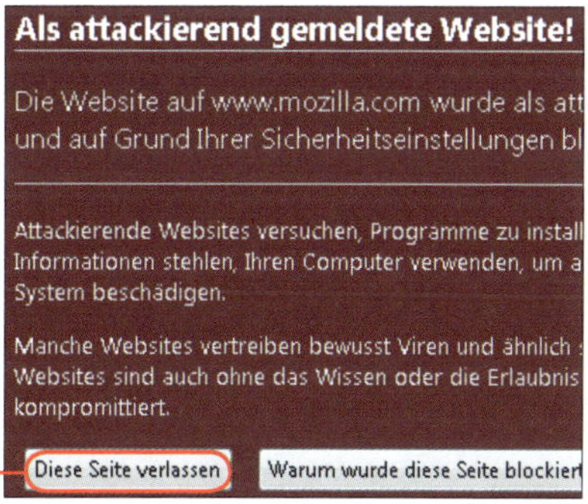

Dann kann Ihnen nichts passieren. Die Schwarze Liste wird zwar ständig aktualisiert, aber einen hundertprozentigen Schutz kann sie nicht bieten. Sie dürfen sich daher nicht blindlings auf diese Schutzfunktion verlassen und sollten die folgenden Sicherheitshinweise beachten:

1 Meiden Sie die dunklen Ecken des Internet. Wenn Sie etwa auf der Suche nach Seiten mit leicht oder gar nicht bekleideten hübschen Menschen sind, dürfen Sie sich nicht wundern, im Rotlichtviertel des Internet zu landen. Dort gibt es wie im realen Leben auch mehr zwielichtige Gestalten als auf der hellbeleuchteten Einkaufsmeile. Dasselbe gilt sinngemäß für die Suche nach illegalen **Datei**en. Sollten Sie Seiten suchen, auf denen Sie verbotenerweise kostenlos kommerzielle Programme zu bekommen hoffen, lassen Sie sich bewusst mit Gaunern ein. Dass viele davon versuchen, Sie übers Ohr zu hauen, sollte Ihnen klar sein.

2 Ein beliebter Trick, der vor allem von den Betreibern von Phishing-Seiten angewandt wird, besteht darin, massenhaft **E-Mail**s zu verschicken. In diesen E-Mails wird versucht, Sie durch Versprechungen oder Drohungen auf eine manipulierte Seite zu locken. Daher gilt ganz strikt: Verfolgen Sie keinen **Link** in einer E-Mail, dessen Absender Ihnen unbekannt ist! Wird in der E-Mail ein seriöser Absender vorgegaukelt, vergewissern Sie sich beim geringsten Zweifel, ob die E-Mail auch wirklich von diesem Absender stammt.

3 Seien Sie ausgesprochen vorsichtig bei **Downloads**, die auf Internetseiten angeboten werden. Sie sollten Dateien nur dann aus dem Internet auf Ihren Rechner überspielen, wenn Sie dem Anbieter absolut vertrauen. Das gilt insbesondere auch für Plug-ins oder Erweiterungen für den Firefox. Sonst haben Sie sich ruck, zuck ein Schädlingsprogramm, einen sogenannten Virus, eingefangen.

4 Installieren Sie unbedingt ein Antiviren-Programm auf Ihrem PC, und halten Sie es auf dem neuesten Stand. Bei COMPUTER BILD werden diese Schutzprogramme immer wieder getestet und vorgestellt. Von den Internetseiten der COMPUTER BILD können Sie die entsprechenden Programme in vielen Fällen auch gleich auf Ihren Rechner überspielen.

5 Schließlich sollten Sie den Firefox unbedingt stets auf dem neuesten Stand halten. Mehr dazu im folgenden Abschnitt.

Sicherheitseinstellungen prüfen

Damit Sie der Firefox vor gefährlichen Seiten warnen kann, müssen die entsprechenden Funktionen aktiviert sein. Standardmäßig ist das der Fall. Zu Ihrer eigenen Sicherheit sollten Sie dennoch eine Prüfung durchführen. Klicken Sie dazu in der Menüleiste auf

Extras

und anschließend auf

Einstellungen... .

Im Bereich

müssen in allen Kästchen Haken zu sehen sein: .

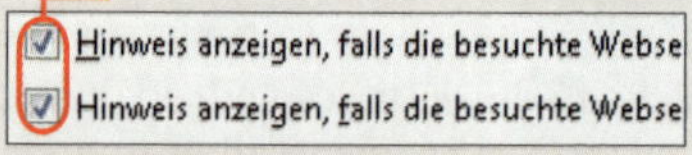

Sollte das bei Ihnen nicht der Fall sein, können Sie die Auswahlhaken setzen, indem Sie in das betreffende Kästchen klicken.

Den Firefox stets auf dem neuesten Stand halten

Unter Sicherheitsgesichtspunkten ist es außerordentlich wichtig, dass der Firefox stets auf dem neuesten Stand gehalten wird. Das bedeutet, dass Sie Programmverbesserungen (sogenannte **Updates**), mit denen Sicherheitslücken beseitigt werden, so schnell wie möglich installieren sollten. Standardmäßig prüft der Firefox selbstständig, wenn Programmverbesserungen zur Verfügung stehen, überspielt sie und führt auch gleich die **Installation** aus. Sie brauchen also nur darauf zu achten, dass die entsprechenden Einstellungen auch tatsächlich vorgenommen sind.

1 Klicken Sie dazu in der Menüleiste des Firefox-Programmfensters als Erstes auf

und anschließend im aufgeklappten Extras-Menü auf

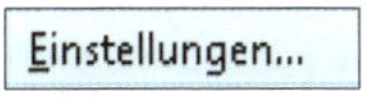

.

Im Einstellungsfenster, das sich daraufhin öffnet, folgt in der Symbolleiste oben ein Mausklick auf

und danach auf den Registerreiter ●.

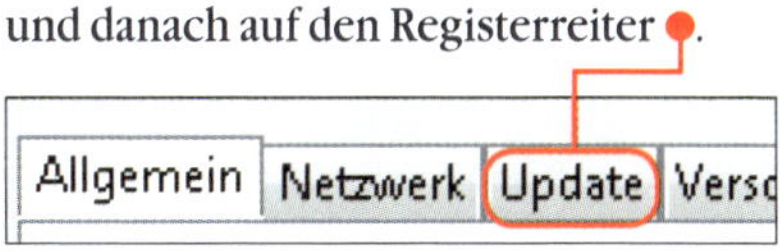

2 In dem Registerfenster, das nun in den Vordergrund rückt, können Sie per Mausklick Auswahlhaken und -punkte setzen. Mit der abgebildeten Konstellation ●

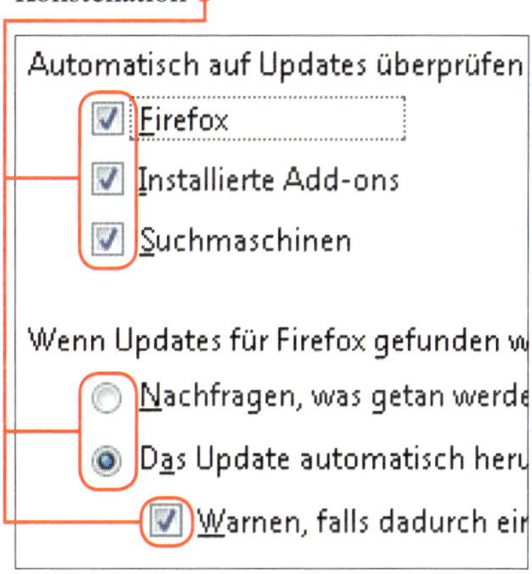

sind Sie auf der sicheren Seite. Haben Sie Ihre Einstellungen vorgenommen, klicken Sie auf

,

um das Einstellungsfenster zu schließen.

Prüfen, wer sich hinter einer Seite verbirgt

Sofern ein Anbieter seine Internetseiten für den Firefox verifiziert hat, können sie sich dessen Identität bestätigen lassen. Bei besonders sicherheitsrelevanten Seiten wie etwa dem Internetauftritt Ihrer Bank ist es natürlich ausgesprochen angenehm, völlig sicher zu sein, mit wem man es zu tun hat.

1 Als Beispiel soll hier die Deutsche Bank dienen. Rufen Sie die entsprechenden Seiten auf (**www.deutsche-bank.de**), und klicken Sie dann auf

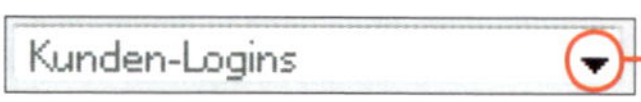

sowie anschließend auf

.

Nun befinden Sie sich auf der Login-Seite, auf der Sie als Kunde Ihr **Online**-Konto betreten können.

2 Wenn Sie jetzt sichergehen wollen, dass Sie sich auch wirklich auf dem Online-Auftritt Ihres Kreditinstituts befinden und nicht etwa auf einer täuschend ähnlich angelegten Betrugsseite, klicken Sie in der Adresszeile auf .

Bekommen Sie dann ein Zertifikat angezeigt, haben Sie die Gewissheit, dass alles in Ordnung ist.

3 Andersherum dürfen Sie aus einem fehlenden Zertifikat nicht zwangsläufig schließen, dass es sich um eine unseriöse Seite handelt, die Sie gerade ansehen. Allerdings sollten Sie nur auf Seiten mit fehlendem Zertifikat zugreifen, wenn Sie überzeugt davon sind, dass die Seite, die Sie öffnen, seriös ist. Wenn es aber um die Eingabe von sicherheitsrelevanten Daten geht, wie sie für Geldtransaktionen nötig ist, sollten Sie auf ein korrektes Zertifikat achten.

Festlegen, was der Firefox sich merken soll

Im Laufe dieses Buches haben Sie schon mehrfach erfahren, wie Sie das Erinnerungsvermögen des Firefox nutzen können, um etwa Online-Formulare automatisch ausfüllen zu lassen oder besuchte Seiten in der Chronik wiederzufinden.

Nun kann es aber gut sein, dass Sie gar nicht möchten, dass sich der Firefox alles merkt. Falls auch andere Personen auf Ihren Rechner zugreifen können, wäre damit ja ein gewisses Risiko verbunden. Was sich der Firefox merken soll und was nicht, können Sie selbst bestimmen.

1 Öffnen Sie zunächst das Einstellungsfenster, wie in Schritt 1 auf Seite 107 beschrieben, und klicken Sie dort auf

.

2 Durch Setzen beziehungsweise Entfernen der entsprechenden Haken können Sie nun festlegen, welche Informationen sich der Firefox künftig merken soll. Möchten Sie beispielsweise generell auf die Vorteile der Chronik verzichten, klicken Sie in das Kästchen ●,

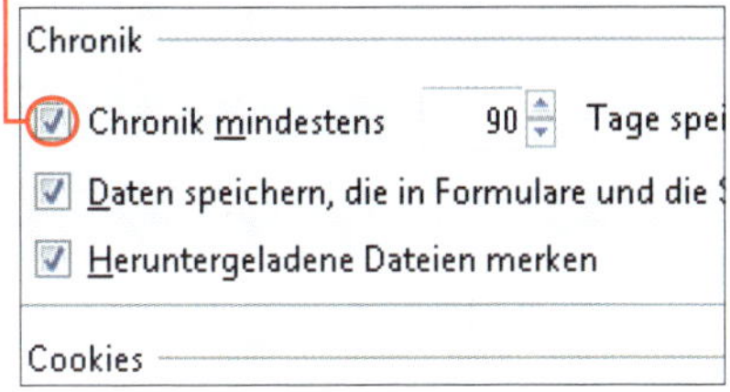

um den Haken zu entfernen ●,

und danach zur Bestätigung auf

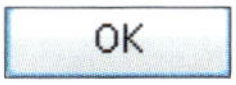

.

Gespeicherte Daten löschen

Im vorigen Abschnitt haben Sie erfahren, wie Sie festlegen, welche Informationen der Firefox künftig speichert und welche nicht. Natürlich haben Sie auch die Möglichkeit, bereits gespeicherte Daten gezielt wieder loszuwerden.

1 Klicken Sie dazu als Erstes in der Menüleiste des Programmfensters auf

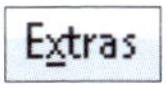

und anschließend im geöffneten Menü auf den Eintrag ●.

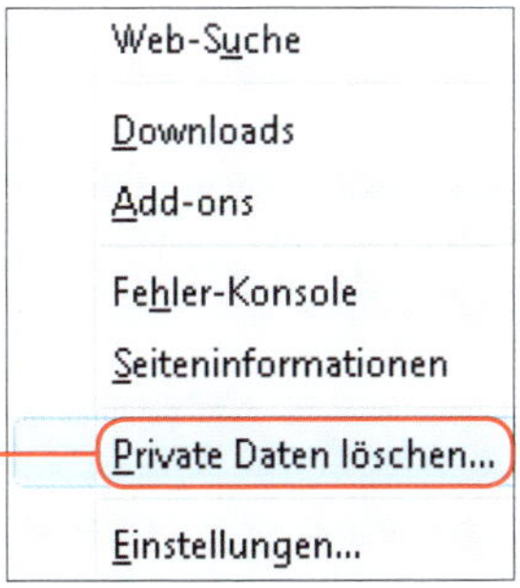

2 Im Fenster, das daraufhin erscheint, können Sie dann wieder per Mausklick die gewünschten Auswahlhaken setzen. Im Beispiel sollen die Chronik sowie gespeicherte Formulardaten gelöscht werden. Setzen Sie daher Haken wie in der Beispielabbildung: ●.

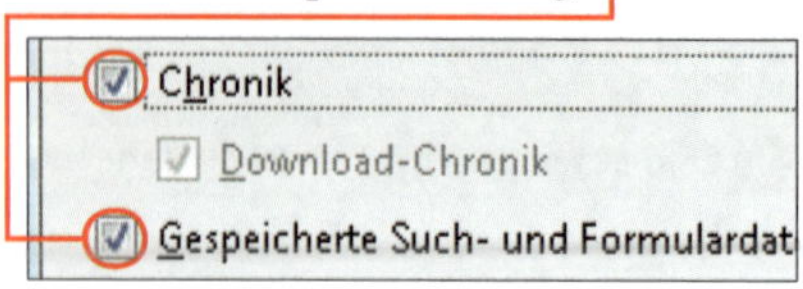

Nach einem Klick auf

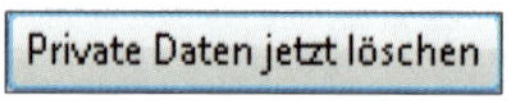

werden diese Informationen entfernt.

3 Wann immer Sie es für nötig halten, können Sie auf diese Weise gespeicherte Daten loswerden. Darüber hinaus ist es auch möglich, einen Automatismus einzurichten, der - nach von Ihnen vorgegebenen Kriterien - Informationen löscht, sobald Sie den Firefox schließen. Klicken Sie dazu im Einstellungsfenster auf

,

und setzen Sie dann per Mausklick einen Haken in das Kästchen ●.

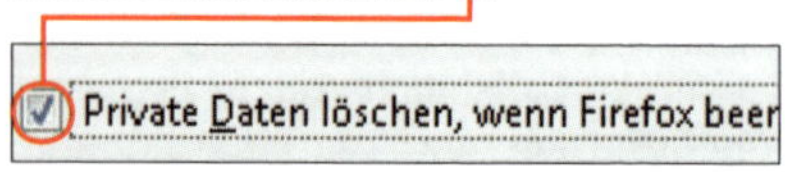

4 Anschließend klicken Sie rechts daneben auf die Schaltfläche

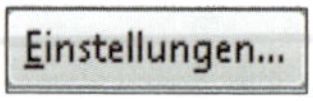

.

Nun brauchen Sie nur noch wie gehabt Ihre Wahl zu treffen

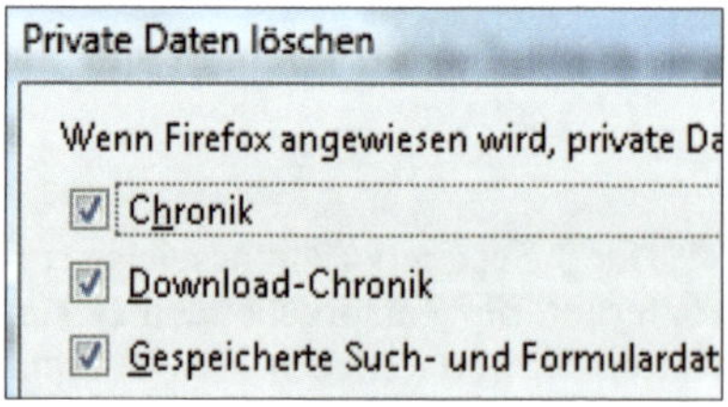

und danach alle offenen Fenster mit Klicks auf

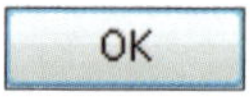

zu schließen. Künftig werden bei jeden Schließen des Firefox automatisch die von Ihnen festgelegten Informationen gelöscht.

Mit Passwörtern umgehen

Im Kapitel 2 haben Sie erfahren, dass der Firefox Passwörter speichern kann. Rufen Sie die betreffende Internetseite auf, werden Ihre Benutzerdaten dann automatisch eingetragen. Das ist sehr bequem, aber natürlich nicht ohne Risiko, wenn auch andere Personen Zugriff auf Ihren Rechner haben. Sie haben jedoch etliche Möglichkeiten, für Sicherheit zu sorgen.

1 Öffnen Sie zunächst das Einstellungsfenster, und klicken Sie dort auf

.

Standardmäßig bietet Ihnen der Firefox an, Passwörter zu speichern. Wenn Sie das nicht möchten, klicken Sie in das Kästchen ●,

☑ Passwörter speichern

um den Auswahlhaken zu entfernen.

2 Aber warum sollten Sie auf die praktische Ausfüllhilfe verzichten? Schließlich haben Sie ja jedes Mal die Möglichkeit zu entscheiden, welches Passwort Sie speichern wollen und welches nicht. Sollten Sie einmal ein Passwort aus Versehen gespeichert haben oder es sich später anders überlegen, können Sie eine Speicherung wieder aufheben. Klicken Sie dazu im Sicherheitsbereich des Einstellungsfensters auf die Schaltfläche

[Gespeicherte Passwörter...].

3 Damit beispielsweise die Login-Informationen zu Ihrem E-Mail-Konto bei GMX nicht mehr automatisch eingetragen werden, klicken Sie im folgenden Fenster auf den Eintrag ●

http://classic.klack.de	filmbert
http://www.gmx.net	hoe-mobil@
https://kdvzopac.krzn.de	10091195

und danach unten auf die Schaltfläche

[Entfernen].

Mit einem Mausklick auf

[Alle entfernen]

können Sie auch alle gespeicherten Passwörter auf einen Schlag löschen.

Passwörter nachschlagen

Im Fenster von Schritt 3 werden normalerweise nur die Internetadressen und die dazugehörigen Benutzernamen angezeigt. Wenn Sie aber auf

[Passwörter anzeigen]

und zur Bestätigung auf

[Ja]

klicken, werden auch die dazugehörigen Passwörter sichtbar. Das kann ganz hilfreich sein, falls Sie sich nicht mehr an ein bestimmtes Passwort erinnern können.

4 Jeder, der Zugriff auf Ihren Rechner und damit auch auf den Firefox hat, kann sich natürlich in die Internetdienste automatisch einloggen, wenn Sie die entsprechenden Benutzerdaten gespeichert haben. Ja, der Betreffende kann sich sogar, wie im vorigen Kasten beschrieben, Ihre Passwörter im Klartext anzeigen lassen. Das können Sie verhindern, wenn Sie ein sogenanntes Master-

Passwort einrichten. Klicken Sie dazu im Bereich „Sicherheit" des Einstellungsfensters in das Kästchen ●.

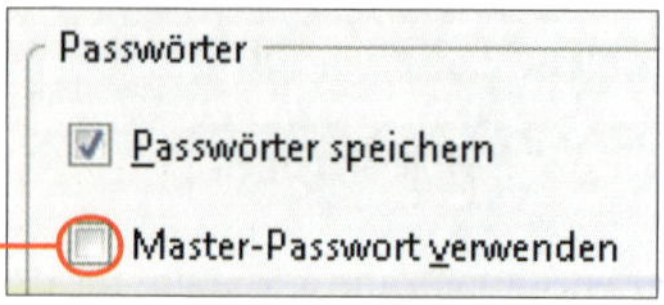

5 Tippen Sie dann zweimal den Begriff ein, den Sie als Master-Passwort verwenden möchten ●,

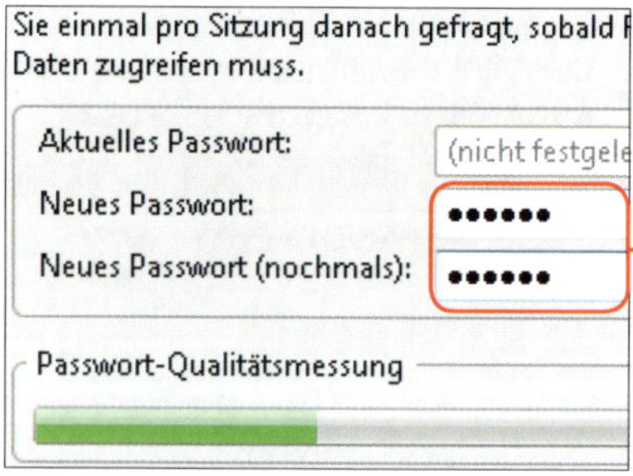

und klicken Sie zur Bestätigung auf die Schaltfläche

.

Die Erfolgsmeldung nehmen Sie mit einem weiteren Klick auf OK zur Kenntnis.

6 Schließen Sie dann noch das Einstellungsfenster ebenfalls mit einem Mausklick auf

.

Einmal pro **Arbeitssitzung** müssen Sie sich künftig mit dem Master-Passwort ausweisen, wenn Sie eine entsprechende Login-Seite aufrufen.

Natürlich können Sie sich ohne Eingabe dieses Passwortes auch nicht die gespeicherten Passwörter anzeigen lassen. Das Master-Passwort sollten Sie daher gut verwahren!

Das Master-Passwort wieder löschen

Der Schutz durch das Master-Passwort lässt sich auf Wunsch auch wieder entfernen. Klicken Sie dazu im Fenster von Schritt 4 in das Kästchen ●,

sodass das Häkchen darin verschwindet. Danach brauchen Sie sich nur noch durch eine letzte Eingabe des Master-Passwortes auszuweisen ●

und zur Bestätigung auf ● zu klicken.

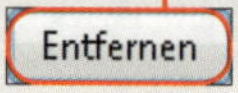

In der Erfolgsmeldung genügt wieder ein Klick auf ●.

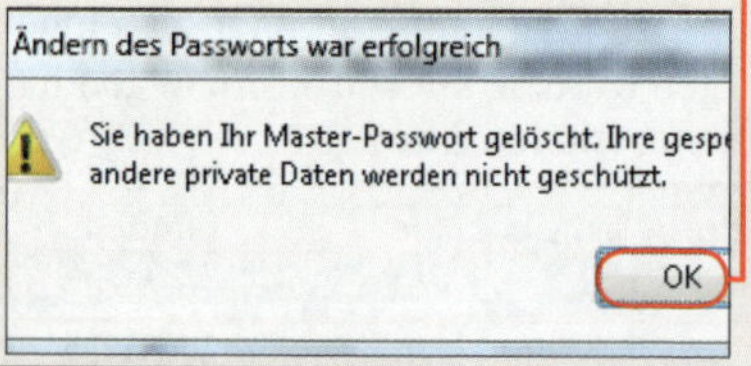

7 Den Firefox individuell einrichten

Jeder nutzt das Internet anders. Während der eine beruflich bedingt intensive Recherchen durchführt und ständig auf der Suche nach neuen Informationen ist, besucht der andere immer wieder dieselben Seiten, die ihn interessieren. Und so unterschiedlich die Interessenlagen bei Internetausflügen sind, so unterschiedlich sind auch die Anforderungen an das verwendete **Internet-Anzeigeprogramm**. Die Mozilla-Entwickler tragen dem Rechnung, indem sie dem Firefox lediglich eine Grundausstattung an hilfreichen Funktionen verpassen, die praktisch jeder brauchen kann. Der Funktionsumfang kann aber mithilfe sogenannter Erweiterungen vergrößert werden. Zudem ist es möglich, die Grundfunktionen genau so einzustellen, wie sie dem individuellen Surfverhalten am besten entsprechen. Und zu guter Letzt können Sie sogar das Aussehen des Firefox Ihrem persönlichen Geschmack anpassen.

Im siebten Kapitel dieses Buches erfahren Sie,

- wie Sie Befehle in die Symbolleiste aufnehmen,
- wie Sie die Seitenanzeige in Registern beeinflussen können,
- wie Sie eine Terminverwaltung in den Firefox einbinden
- und wie Sie das Design des Firefox verändern.

Kapitel-Wegweiser

Symbolleisten verändern

Die wichtigsten Befehle, die Sie bei Ihren Internetausflügen benötigen, können Sie einfach und bequem erreichen. Je nach Ihren Surfgewohnheiten kann es jedoch sinnvoll sein, den einen oder anderen Befehl schneller verfügbar zu machen. Im folgenden Beispiel soll der Navigations-Symbolleiste ein Befehl hinzugefügt werden, mit dem Sie künftig per Mausklick ein neues leeres Register öffnen können.

1 Klicken Sie in der Menüleiste des Programmfensters als Erstes auf

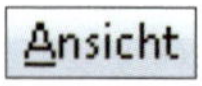

,

führen Sie dann den Mauszeiger über den Eintrag ●,

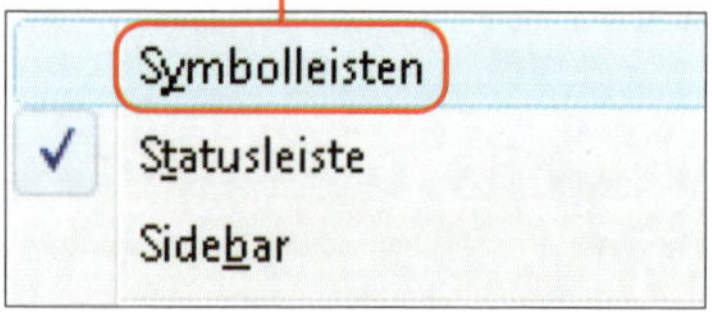

und klicken Sie schließlich in der seitlich erscheinenden Auswahl auf ●.

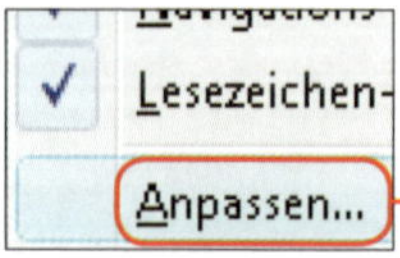

Daraufhin öffnet sich ein Auswahlfenster mit den verschiedensten Befehlssymbolen.

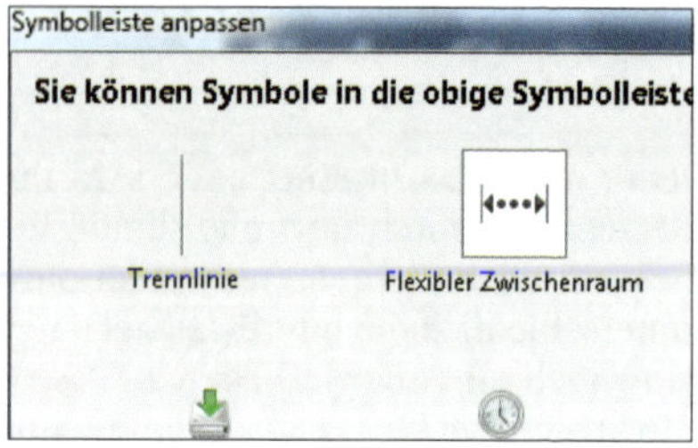

2 In diesem Fenster klicken Sie auf das Symbol

und **ziehen** es mit gedrückt gehaltener Maustaste in die Navigations-Symbolleiste. Befindet sich der senkrechte Strich an der Position, an der Sie den Befehl einbinden möchten ●,

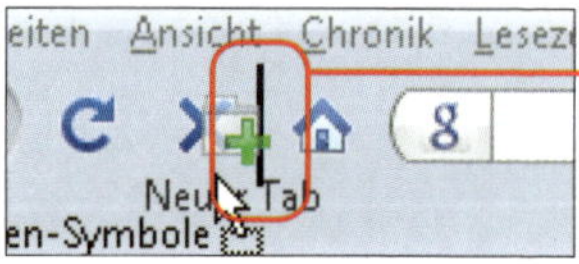

lassen Sie die Maustaste los. Schon ist das Befehlssymbol verankert.

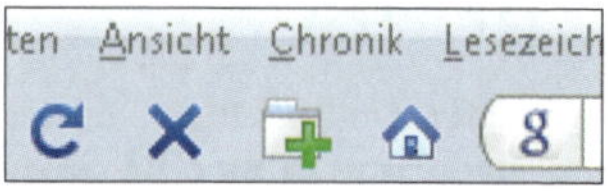

3 Schließen Sie nun das Fenster mit den Befehlssymbolen, indem Sie auf

die Schaltfläche

klicken. Sobald Sie künftig auf das Symbol

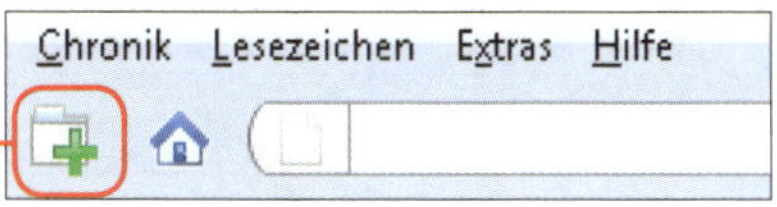

klicken, wird ein neues leeres Register

geöffnet. Das geht natürlich erheblich schneller als der Weg über das **Datei**-Menü oder die entsprechende **Tastenkombination**.

4 Auf die beschriebene Weise können Sie beliebige weitere Symbole einbinden. Haben Sie es sich irgendwann anders überlegt und wollen wieder die ursprüngliche Leiste zurückhaben, wiederholen Sie Schritt 1 dieser Anleitung und klicken dann im Fenster mit der Symbolauswahl auf die Schaltfläche

.

Danach ist wieder die ursprüngliche Leiste zu sehen.

Einstellungen zum Tabbed Browsing vornehmen

Im Kapitel 3 wurde gezeigt, wie Sie die Seitenanzeige in Registern, das sogenannte Tabbed Browsing, nutzen können. Auch diese Funktion lässt sich optimal auf Ihre Bedürfnisse zuschneiden. Hier ein Beispiel: Wenn Sie eine Seite durch Anklicken eines **Links** in einem neuen Register öffnen, ist die aufrufende Seite nach wie vor im Vordergrund zu sehen. Sie möchten aber lieber, dass sich das Register mit der neuen Seite gleich im Vordergrund befindet. Kein Problem, Sie können dem Firefox eine entsprechende Anweisung erteilen.

1 Um sich die verschiedenen Optionen für das Tabbed Browsing anzeigen zu lassen, klicken Sie zunächst auf

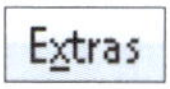

sowie auf

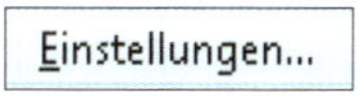

und im dann geöffneten Einstellungsfenster auf

.

2 Klicken Sie jetzt einfach in das Kästchen,

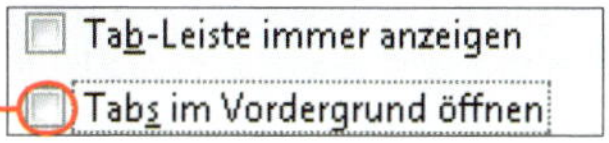

das daraufhin mit einem Haken versehen wird: ●.

Zur Bestätigung reicht wieder ein Klick auf

.

3 Wenn Sie künftig mit der rechten (!) Maustaste auf einen Link klicken, etwa ●,

und dann im Kontextmenü auf

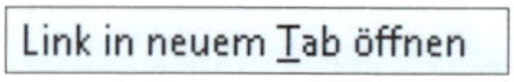

, wird diese Seite wie gewohnt in einem neuen Register geöffnet, aber - und das ist der Unterschied zum ursprünglichen Standardverhalten - auch gleich im Vordergrund angezeigt: ●.

Dem Firefox ein neues Aussehen verpassen

Der Firefox hat zweifellos ein schickes Design, das sich auch optimal in die **Betriebsprogramm**-Umgebung einpasst. (Unter Windows XP sieht der Firefox etwas anders aus als etwa unter **Windows Vista**.) Aber Geschmäcker sind bekanntlich verschieden. Sie haben daher die Möglichkeit, dem Firefox mithilfe sogenannter Themes ein komplett anderes Aussehen zu geben.

1 Klicken Sie zunächst in der Menüleiste des Firefox-Programmfensters auf

sowie anschließend auf den Eintrag ●.

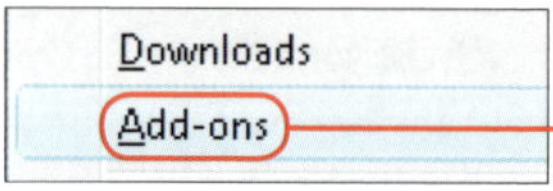

2 Sie öffnen dadurch ein Verwaltungsfenster für alle Zusatzfunktionen des Firefox, die Sie selbstständig **installieren** können, sogenannte Add-ons. Achten Sie darauf, dass sich der Bereich

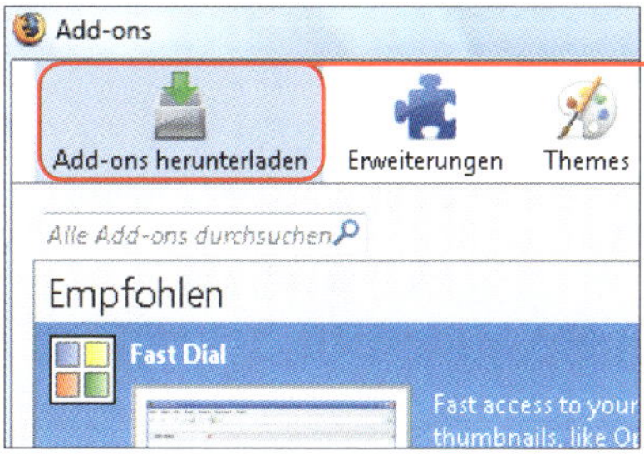

im Vordergrund befindet, und klicken Sie dann auf den Link

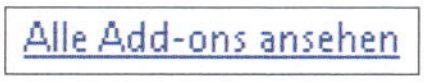

.

3 Sie werden daraufhin mit einer speziellen Mozilla-Seite verbunden, auf der Sie alle möglichen Add-ons finden, auch die Erweiterungen, die im nächsten Abschnitt erläutert werden. Zunächst geht es aber darum, dem Firefox ein neues Aussehen zu verpassen. Klicken Sie daher in der Navigationsspalte am linken Rand

auf den Eintrag

.

4 Wenn Sie in der erscheinenden Auswahl verschiedener Designs (= Themes) die Kategorien durchforstet haben

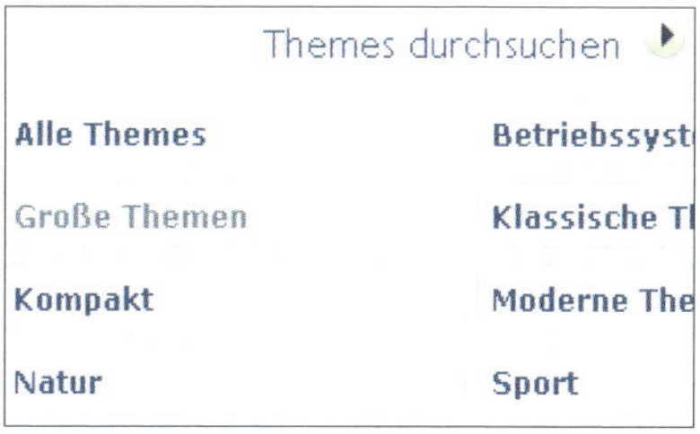

und fündig geworden sind,

klicken Sie auf die Schaltfläche

und in der nachfolgenden Sicherheitsmeldung auf

.

5 Das Thema wird jetzt auf Ihren Rechner überspielt und installiert. Anschließend müssen Sie den Firefox neu starten. Dazu klicken Sie einfach im Verwaltungsfenster auf ●.

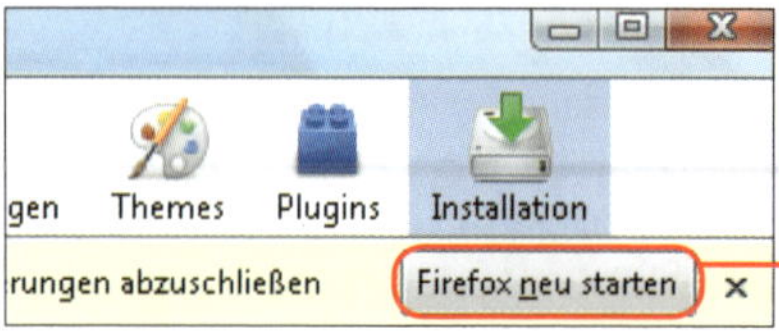

Nach dem Neustart erscheint der Firefox im neuen Design. So sind die Navigationssymbole nicht mehr nüchtern und sachlich, sonder bunt und peppig.

6 Selbstverständlich können Sie jederzeit wieder zum Standard-Aussehen zurückkehren. Klicken Sie dazu auf

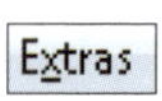

sowie im geöffneten Extras-Menü auf ●

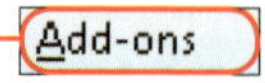

und im Verwaltungsfenster auf

.

7 Im Bereich, der dadurch in den Vordergrund rückt, finden Sie alle Designs, die Sie Ihrem Firefox spendiert haben. Da Sie wieder zum Standard (= Default) zurückkehren wollen, klicken Sie hier einfach auf ●.

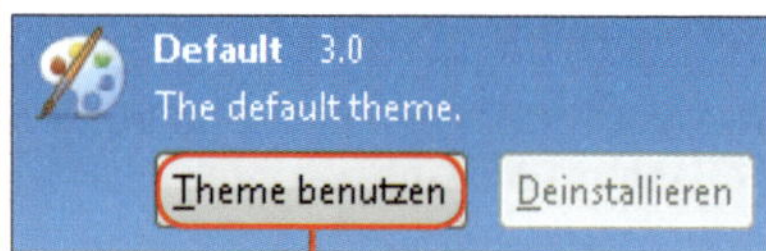

Nach dem Design-Wechsel brauchen Sie nur wieder auf

zu klicken, um einen Neustart auszuführen und damit Ihre Änderung wirksam werden zu lassen.

Dem Firefox neue Funktionen hinzufügen

Neben Themes gibt es weitere Add-ons, die sogenannten Erweiterungen. Dabei stehen nicht optische Elemente im Mittelpunkt, sondern neue Funktionen, die in der Standard-Ausgabe nicht enthalten sind. Von diesen Erweiterungen gibt es Hunderte zu allen denkbaren Themen.

In Zeitschriften wie COMPUTER BILD werden ständig die neuesten und interessantesten vorgestellt. Die Einrichtung dieser Erweiterungen funktioniert immer gleich. Es genügt daher ein einziges Beispiel: Mithilfe der Erweiterung „ReminderFox“ binden Sie eine Termin-

und Aufgabenverwaltung in den Firefox ein.

1 Wiederholen Sie zunächst die Schritte 1 und 2 des vorigen Abschnitts, um sich die Mozilla-Seite mit den Add-ons anzeigen zu lassen. Dort können Sie sich in allen möglichen Kategorien umsehen und eine beliebige Erweiterung aussuchen. Möchten Sie das Beispiel nachvollziehen, nutzen Sie am einfachsten die Suchfunktion auf der Mozilla-Seite. Tippen Sie also die Bezeichnung ●

ein, und klicken Sie dann rechts auf die Schaltfläche

.

2 Anschließend erhalten Sie ein paar Informationen zu dieser Erweiterung.

Wenn Sie nach wie vor Interesse haben, klicken Sie rechts davon auf ●.

3 Im nachfolgenden Warnfenster müssen Sie zur Bestätigung auf

klicken, um die **Installation** zu starten.

Bequem nach Programmergänzungen suchen

Im Kapitel 4 haben Sie erfahren, wie Sie das Suchfeld rechts oben im Programmfenster nutzen und dort entsprechende Suchhelfer einbinden. Diese Funktion können Sie auch verwenden, um bequem nach Erweiterungen und Themen zu suchen. Befinden Sie sich auf der Mozilla-Seite (siehe Schritt 1), klicken Sie auf den farbigen Pfeil ●

und danach auf den Eintrag ●.

Schon können Sie bequem über das Suchfeld nach Add-ons forschen.

Ist diese abgeschlossen, genügt ein Klick auf

.

4 Sobald der Firefox wieder gestartet ist, finden Sie rechts unten in der Statusleiste den Eintrag

Klicken Sie darauf, wird das ReminderFox-Fenster geöffnet. Darin können Sie Termine und Aufgaben erfassen.

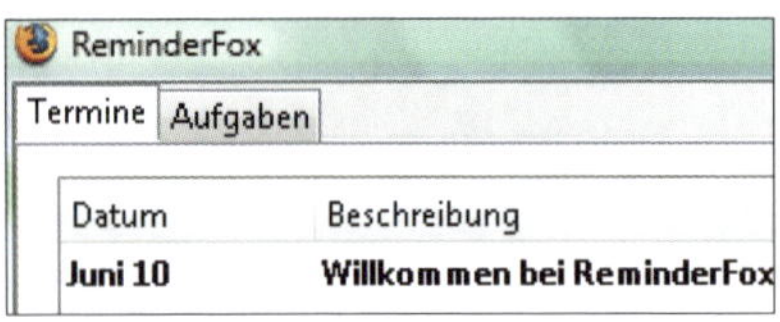

Um einen neuen Termin einzutragen, klicken Sie auf die Schaltfläche ●.

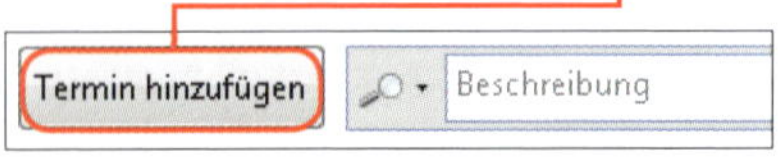

5 Im Fenster, das nun erscheint, können Sie alle nötigen Angaben zum Termin machen, beispielsweise auch einen Erinnerungszeitpunkt festlegen. Das Ganze funktioniert wie in einem normalen Kalender-Programm, etwa Outlook.

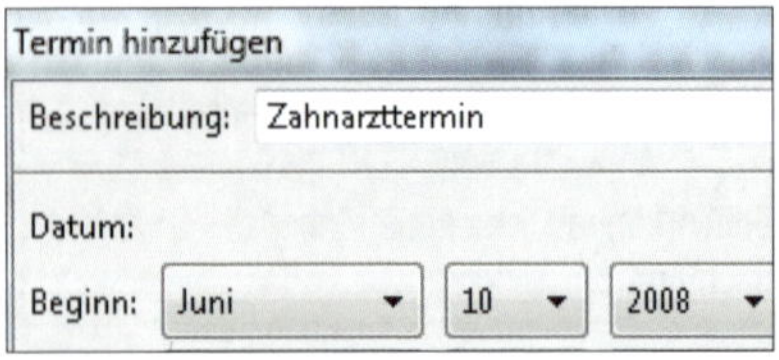

Zur Bestätigung klicken Sie anschließend auf ●.

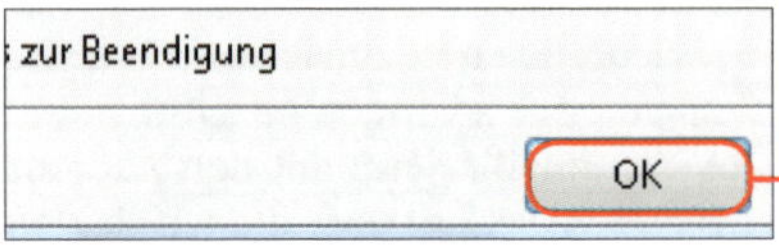

6 Der neue Eintrag erscheint daraufhin in der Terminauflistung, hier: ●.

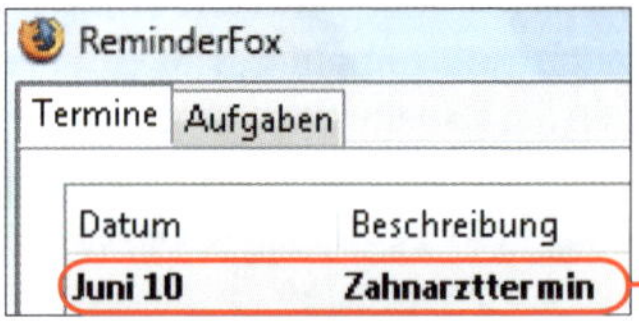

Sie können natürlich jederzeit weitere Termine eintragen. Um das Fenster zu schließen, klicken Sie einfach auf die Schaltfläche

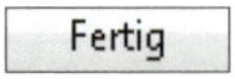

.

7 Von nun an haben Sie beim **Surfen** stets Ihre Termine im Blick. Führen Sie den Mauszeiger über den ReminderFox-Eintrag in der Statusleiste, werden die aktuellen Termine eingeblendet.

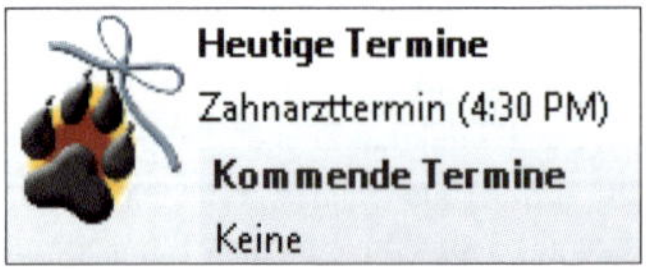

Damit nicht genug. Falls Sie in Schritt 5 einen Erinnerungszeitpunkt festgelegt haben, erscheint zu diesem Zeitpunkt auch eine Meldung auf Ihrem Bildschirm.

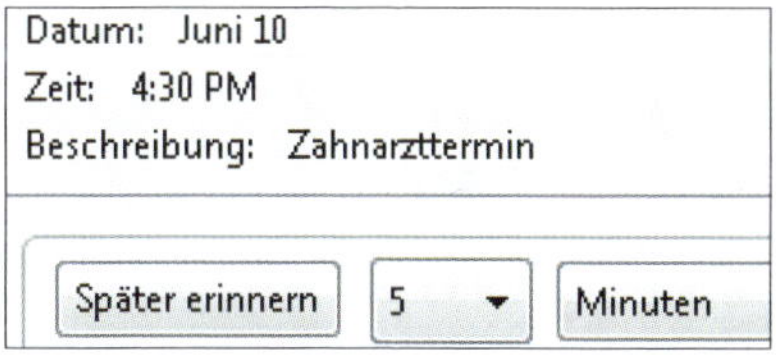

Sie haben also keine Ausrede mehr, wenn Sie diesen zweifellos unangenehmen Termin nicht wahrnehmen.

8 Auch Erweiterungen können Sie bei Bedarf wieder loswerden. Öffnen Sie zunächst das Verwaltungsfenster für Add-ons, indem Sie auf

Extras

sowie auf

Add-ons

klicken. Im dann erscheinenden Verwaltungsfenster folgt ein Klick auf

.

9 Daraufhin werden alle Ihre installierten Erweiterungen angezeigt. Per Mausklick können Sie diejenige, die Sie entfernen möchten, markieren.

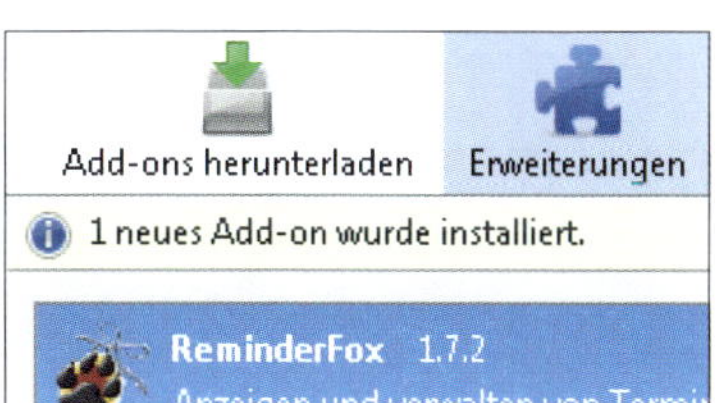

Klicken Sie dann auf

Deaktivieren,

bleibt die Erweiterung auf Ihrem Rechner, ist also nur deaktiviert. Sie können Sie jederzeit wieder einschalten. Wenn Sie dagegen auf

Deinstallieren

klicken, wird die betreffende Erweiterung von Ihrem Rechner entfernt.

Einstellungen vornehmen

Bei vielen Erweiterungen können Sie ganz gezielt Einstellungen vornehmen, so auch beim ReminderFox. Klicken Sie einfach im Verwaltungsfenster auf ●,

um das dazugehörige Optionen-Fenster zu öffnen.

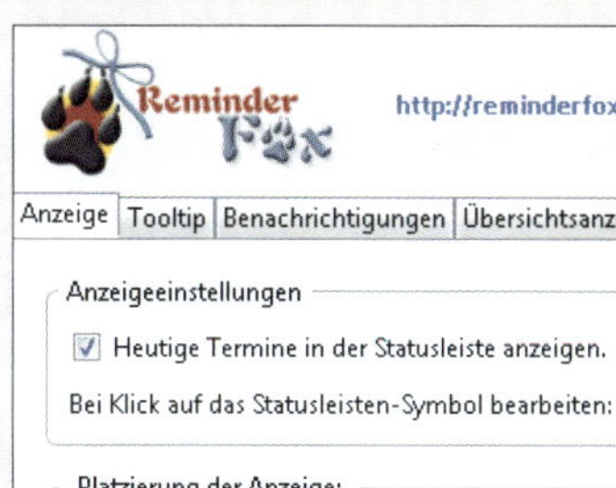

Den Firefox als Standard-Browser einrichten

Wenn Sie das ganze Buch durchgearbeitet haben, sind Sie vom Firefox vermutlich dermaßen überzeugt, dass Sie ihn als Standard-Browser verwenden möchten. Falls Sie das nicht sowieso schon beim ersten Start erledigt haben (siehe Seite 11), gehen Sie dazu folgendermaßen vor:

1 Klicken Sie zunächst in der Menüleiste auf den Eintrag

sowie anschließend auf

.

Im dann geöffneten Einstellungsfenster folgt ein Mausklick auf das Symbol

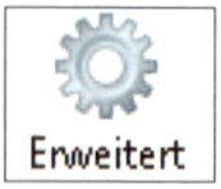

.

2 Holen Sie gegebenenfalls per Mausklick auf den Registerreiter

das Allgemein-Register in den Bildschirmvordergrund. Befindet sich im Kästchen

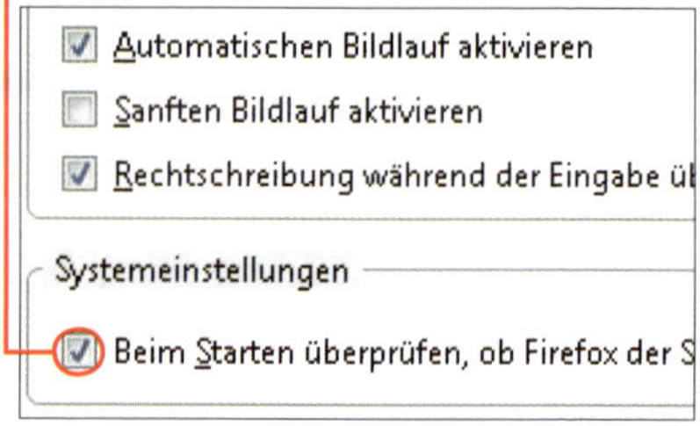

ein Haken, wird die Prüfung beim nächsten Start des Firefox durchgeführt.

3 Sie können die Einrichtung aber auch sofort vornehmen. Klicken Sie dazu rechts neben diesem Eintrag auf die Schaltfläche

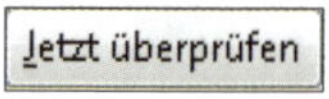

.

Dann erscheint die entsprechende Frage nämlich sofort, und Sie brauchen nur noch auf zu klicken.

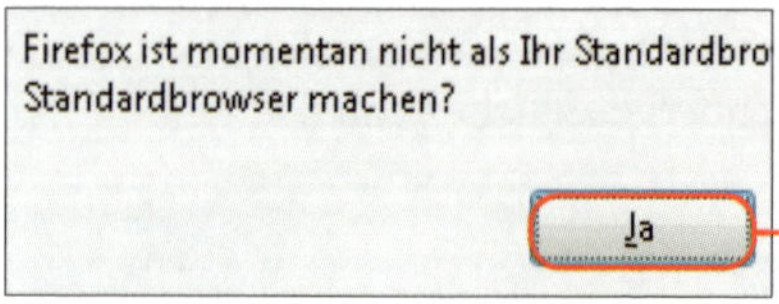

Was ist eigentlich ...?

Arbeitssitzung
Als Arbeitssitzung bezeichnet man den Zeitraum vom Starten bis zum Schließen eines Programms.

Assistent
Unter Assistent versteht man eine Abfolge von Hilfsfenstern, in denen Sie Schritt für Schritt durch einen Vorgang geführt werden.

Ausloggen
Gegenteil von → Einloggen.

Betriebsprogramm
Das grundlegende Programm eines Computers, ohne das andere Programme nicht auf dem Rechner gestartet werden können, heißt Betriebsprogramm. Es stellt anderen Programmen seine Funktionen zur Verfügung. Da das Betriebsprogramm selbst aus mehreren Programmen mit unterschiedlichen Funktionen besteht, wird es häufig auch als Betriebssystem bezeichnet. Das aktuellste Microsoft-Betriebsprogramm heißt Windows Vista.

Bildlaufleiste
Bildlaufleisten erscheinen bei Windows-Programmen meist am unteren und rechten Rand des Programmfensters. Sie ermöglichen es Ihnen, Inhalte sichtbar zu machen, die aufgrund ihrer Größe nicht komplett auf dem Bildschirm angezeigt werden können.

Was ist eigentlich ...?

Browser
Englischer Ausdruck für → Internet-Anzeigeprogramm oder Internet-Zugriffsprogramm.

Chronik
In der Chronik speichert der Firefox die Adressen besuchter Internetseiten. Auch der Internet Explorer verfügt über diese Funktion, die dort jedoch als „Verlauf" bezeichnet wird.

Cookie
Manche Internetseiten legen sogenannte Cookies auf Ihrem Rechner an. Das sind kleine Dateien, mit deren Hilfe Sie beim nächsten Besuch der Seite wiedererkannt werden.

Datei
Alle Daten, mit denen Ihr Rechner arbeitet, sind in Dateien erfasst.

Desktop
Der Desktop ist die Arbeitsoberfläche Ihres Rechners. Wenn Sie alle Programme geschlossen oder zumindest alle Fenster minimiert haben, sehen Sie den Desktop.

Download
Das Übertragen von Dateien aus dem Internet auf Ihren Rechner bezeichnet man als Download oder auch Herunterladen. Entsprechend nennt man das Überspielen einer Datei vom Rechner

Was ist eigentlich ...?

auf einen Internetspeicher als Upload oder Hochladen.

DSL
DSL ist eine moderne Datenübertragungsart. Mit einem DSL-Internetzugang erreichen Sie als Privatperson derzeit die höchsten Datenübertragungsraten.

Einfügemarke
Die Einfügemarke ist meist als senkrechter blinkender Strich zu erkennen. Sie gibt an, an welcher Stelle Ihre nächste Eingabe erfolgt. Am einfachsten positionieren Sie die Einfügemarke per Mausklick. Die Einfügemarke wird auch als Cursor bezeichnet.

Einloggen
Viele Internetdienste bieten Ihnen einen persönlichen Bereich an. Beispiele hierfür sind etwa E-Mail-Anbieter oder beim Online-Banking Ihr Kontenbereich. Damit nicht jeder diesen Bereich einsehen kann, ist der Zugang zu diesem Bereich normalerweise geschützt. Mithilfe eines Benutzernamens oder Ihrer E-Mail-Adresse in Verbindung mit einem Passwort können Sie sich als zugangsberechtigt ausweisen. Das Betreten eines solchen geschützten Bereichs wird als Einloggen oder Login bezeichnet. Das Verlassen entsprechend als Ausloggen oder Logout.

Was ist eigentlich ...?

E-Mail
Die elektronische Post ist die wichtigste Kommunikationsform im Internet. Eine E-Mail-Adresse erhalten Sie meist von Ihrem Internet-Zugangsanbieter oder auch von einem → Freemailer.

Explorer
Als Explorer-Fenster bezeichnet man ein Arbeitsfenster, über das Sie auf die Ordner- und Dateistruktur Ihres Rechners zugreifen können.

Freemailer
Ein Anbieter kostenloser E-Mail-Konten wird als Freemailer bezeichnet.

Herunterladen, Hochladen
→ Download.

Hyperlink
→ Link.

Installation
Damit Sie mit einem Programm arbeiten können, muss es erst auf Ihrem Rechner eingerichtet werden. Diesen Vorgang bezeichnet man als Installation. Im Normalfall ist Ihnen dabei ein → Assistent behilflich. Wenn Sie ein Programm aus dem Internet auf Ihren Rechner überspielen, liegt dieses meist in Form einer einzigen Datei vor, der sogenannten Installationsdatei.

Was ist eigentlich …?

Internet-Anzeigeprogramm
Internet-Anzeigeprogramme wie der Firefox werden meist „Browser“ genannt. Solche Programme ermöglichen es Ihnen, Internetseiten anzusehen.

Internet Explorer
Der IE ist das Internet-Anzeigeprogramm, das als Zubehör zu den Windows-Betriebsprogrammen gehört.

Link
Link ist die gebräuchliche Kurzform für Hyperlink. So werden Verweise genannt, die Sie per Mausklick zu anderen Internetseiten führen. Nicht nur Textstücke, sondern auch Bilder oder grafische Bedienelemente können „verlinkt“ sein.

Login / Logout
→ Einloggen.

Markierung
Damit legen Sie fest, worauf die nächste Aktion, die Sie durchführen wollen, angewendet werden soll.

Online / offline
Sind Sie mit dem Internet verbunden, sind Sie online. Ist dies nicht der Fall, sind Sie offline.

Online-Banking
Beim Online-Banking können Sie über das Internet auf Ihr Bankkonto zugreifen, also Kontostände abfragen oder

Was ist eigentlich …?

Überweisungen ausführen und Daueraufträge verwalten.

Open Source
Der Begriff „Open Source“ bedeutet übersetzt „offene Quelle“. Unter Open-Source-Bedingungen geschriebene Programme wie der Firefox dürfen normalerweise frei weitergegeben werden. Zudem ist der Quellcode des Programms frei zugänglich.

Pfad
Den Speicherort einer Datei bezeichnet man als Pfad.

Rechtsklick
Rechtsklick bedeutet ein kurzes Drücken der rechten Maustaste.

Registrierung
Der Anmeldeprozess bei einem Internetdienst, etwa einem → Freemailer, wird als Registrierung bezeichnet. Dabei legen Sie normalerweise einen Benutzernamen und ein Passwort fest. Mit diesen Angaben können Sie sich dann künftig → einloggen.

RSS
RSS ist ein technisches Verfahren, das es Ihnen ermöglicht, Meldungen eines Internet-Nachrichtenanbieters zu abonnieren. Der Nachschub an diesen Schlagzeilen wird als „Feed“ bezeichnet. In den Firefox können

Was ist eigentlich ...?

Sie solche Feeds problemlos einbinden.

Spam
Spam ist ein Oberbegriff für unerwünscht zugesandte E-Mails. Meist handelt es sich dabei um Werbe-E-Mails.

Suchmaschine
Unter Suchmaschinen versteht man spezielle Internetauftritte, mit deren Hilfe Sie das Internet durchforsten können. Die bekannteste Suchmaschine ist Google (**www.google.de**).

Taskleiste
Die Taskleiste ist die Leiste ganz am unteren Rand Ihres Bildschirms. Für jedes geöffnete Programmfenster finden Sie dort einen Eintrag. Per Mausklick können Sie bequem zwischen den Fenstern wechseln.

Tastenkombination
Viele Befehle können Sie nicht nur per Maus, sondern auch durch gleichzeitiges Drücken von zwei und mehr Tasten erteilen. Die Verwendung von Tastenkombinationen hat den Vorteil, dass Sie die Finger auf der Tastatur lassen können und nicht extra zur Maus greifen müssen. Mit etwas Übung können Sie daher viel flotter arbeiten. Eine Aufstellung der wichtigsten Tastenkombinationen

Was ist eigentlich ...?

beim Firefox finden Sie auf der nächsten Seite.

Update
Moderne Programme werden ständig überarbeitet. Dabei werden Programmfehler sowie erst später erkannte Lücken in der Sicherheit der Programme beseitigt. Solche Programmverbesserungen nennt man Updates. Meist können diese auf den Seiten der Programmhersteller aus dem Internet geladen werden.

Verlauf
→ Chronik.

Windows Vista
Windows Vista heißt das derzeit aktuellste Betriebsprogramm von Microsoft. Ebenfalls noch weit verbreitet ist der Vorgänger Windows XP.

Ziehen
Beim Ziehen handelt es sich um eine spezielle Maustechnik. Beispielsweise können Sie damit Lesezeichen-Einträge in einen Order verschieben. Beim Ziehen klicken Sie einen Eintrag an, halten die Maustaste gedrückt und führen dann eine Ziehbewegung mit der Maus aus.

Zwischenablage
Bei der Zwischenablage handelt es sich um einen temporären Speicher.

Wichtige Tastenkombinationen

Strg + L	Einfügemarke in die Adresszeile setzen. Die aktuelle Adresse kann gleich überschrieben werden.
Alt + ←	Die vorherige Seite anzeigen.
Alt + →	Die nächste Seite anzeigen.
Alt + Pos1	Startseite anzeigen.
Alt + R	Seite neu laden.
Strg + H	Chronik in einer Spalte am linken Rand einblenden.
Strg + ⇧ + H	Chronik in der Bibliothek öffnen.
Strg + T	Neues leeres Register öffnen.
Alt + ↵	Nach der Adresseingabe öffnet die Seite in einem neuen Register.
Strg + W	Aktuelles Register wird geschlossen.
Strg + Bild↑	Ein Register nach links blättern.
Strg + Bild↓	Ein Register nach rechts blättern.
Strg + +	Seitenanzeige vergrößern.
Strg + -	Seitenanzeige verkleinern.
Strg + 0	Seiten wieder in Originalgröße anzeigen.
Strg	Bei Drehen des Mausrads Seitenanzeige verändern.
F11	Umschalten in Vollbildanzeige und wieder zurück.
Strg + Pos1	Seitenanfang ansteuern.
Strg + Ende	Seitenende ansteuern.
Strg + J	Download-Manager öffnen.
F7	Caret Browsing ein- und ausschalten.
Strg + K	Einfügemarke ins Suchfeld setzen.
F3	Suche auf Seite auslösen.
Strg + F	Suche auf Seite auslösen.
Strg + D	Lesezeichen anlegen.
Strg + B	Lesezeichen in einer Spalte am linken Rand anzeigen.
Strg + ⇧ + D	Geöffnete Register als Lesezeichen-Ordner speichern.

Stichwortverzeichnis

Besuchen Sie uns im Internet:
www.ullstein-taschenbuch.de

Originalausgabe im Ullstein Taschenbuch

E-Mail: buecher@computerbild.de
Umschlaggestaltung: HildenDesign, München / Buch und Werbung, Berlin
Titelabbildung: Jupiterimages /Workbook Stock
Satz und Repro: LVD GmbH, Berlin
Druck und Weiterverarbeitung: CPI – Ebner & Spiegel GmbH, Ulm
Printed in Germany
ISBN 978-3-548-41265-8